教育心理学及其在高校学生管理中的应用研究

唐河辉　张　敏◎著

中国书籍出版社
China Book Press

图书在版编目（CIP）数据

教育心理学及其在高校学生管理中的应用研究 / 唐河辉, 张敏著. -- 北京 : 中国书籍出版社, 2024.6

ISBN 978-7-5068-9905-5

Ⅰ.①教… Ⅱ.①唐…②张… Ⅲ.①教育心理学—应用—高等学校—学生—学校管理—研究 Ⅳ.① G44 ② G645.5

中国国家版本馆 CIP 数据核字（2024）第 111017 号

教育心理学及其在高校学生管理中的应用研究
唐河辉　张　敏　著

图书策划	成晓春
责任编辑	李倩倩　成晓春
封面设计	博健文化
责任印制	孙马飞　马　芝
出版发行	中国书籍出版社
地　　址	北京市丰台区三路居路 97 号（邮编：100073）
电　　话	（010）52257143（总编室）（010）52257140（发行部）
电子邮箱	eo@chinabp.com.cn
经　　销	全国新华书店
印　　刷	天津和萱印刷有限公司
开　　本	710 毫米 × 1000 毫米　1/16
字　　数	225 千字
印　　张	12.75
版　　次	2025 年 1 月第 1 版
印　　次	2025 年 1 月第 1 次印刷
书　　号	ISBN 978-7-5068-9905-5
定　　价	80.00 元

版权所有　翻印必究

前 言

高校学生管理工作是高校教育教学的重要组成部分。我国高等教育事业的发展十分迅速，学生接受各种新思想的途径也更加多元化，这就导致学生的思想观念变得日益复杂。随着高等教育体制改革的逐渐深入，传统的教学方式、教学思想、教学观念、学生工作管理等已经无法适应形势发展的需求，因此迫切需要对其进行改革与创新，从而使其能适应时代发展需要。基于此，笔者能从教育心理学入手，对高校学生管理进行了深入研究。教育心理学的应用价值在于它对教育实践具有指导意义。教育工作者只有积极探索、掌握教育教学过程中的规律，才能在教学工作与学生管理工作方面进行更有成效的实践。

本书共分为六个章节。第一章为教育心理学概述，教育心理学的概念与发展、教育心理学的研究对象、方法与内容、教育心理学的作用、教育心理学的学习理论；第二章为高校学生管理的概况，高校学生管理的基本认知、高校学生管理的现状、高校学生管理模式、高校学生管理的队伍建设；第三章为学生心理与教师心理分析，学生的认知发展与个体差异、学生的心理适应、教师的角色属性与素质、教师的个人威信与师爱；第四章为高校学生情绪与人格管理，情绪的基本知识、高校学生不良情绪的识别、高校学生人格的表现与影响因素、教育心理学在高校学生情绪与人格管理中的应用；第五章为高校学生学习与人际交往管理，包括：高校学生学习特点与能力培养、高校学生人际交往的特点与类型、教育心理学在高校学生学习与人际交往管理中的应用；第六章为高校学生压力与挫折应对，主要从高校学生压力的产生、特点与影响，高校学生挫折的产生与影响，教育心理学在高校学生压力与挫折应对中的应用三个方面进行论述。

在撰写本书的过程中，作者参考借鉴了大量的学术文献，同时也得到了许多同人的帮助，在此表示真诚感谢。由于作者水平有限，书中难免有疏漏之处，希望广大同行及时指正。

作者

2024 年 1 月

目 录

第一章 教育心理学概述 ··· 1
    第一节 教育心理学的概念与发展 ··· 1
    第二节 教育心理学的研究对象、方法与内容 ·· 9
    第三节 教育心理学的作用 ·· 18
    第四节 教育心理学的学习理论 ··· 20

第二章 高校学生管理的概况 ·· 39
    第一节 高校学生管理的基本认知 ··· 39
    第二节 高校学生管理的现状 ·· 56
    第三节 高校学生管理模式 ·· 62
    第四节 高校学生管理的队伍建设 ··· 79

第三章 学生心理与教师心理分析 ··· 82
    第一节 学生的认知发展与个体差异 ··· 82
    第二节 学生的心理适应 ··· 94
    第三节 教师的角色属性与素质 ··· 107
    第四节 教师的个人威信与师爱 ··· 117

第四章 高校学生情绪与人格管理 ··· 123
    第一节 情绪的基本知识 ··· 123
    第二节 高校学生不良情绪的识别 ··· 129

第三节　高校学生人格的表现与影响因素 …………………………… 135
第四节　教育心理学在高校学生情绪与人格管理中的应用 …………… 142

第五章　高校学生学习与人际交往管理………………………………………… 148
　　第一节　高校学生学习特点与能力培养 ………………………………… 148
　　第二节　高校学生人际交往的特点与类型 ……………………………… 152
　　第三节　教育心理学在高校学生学习与人际交往管理中的应用 ……… 156

第六章　高校学生压力与挫折应对……………………………………………… 169
　　第一节　高校学生压力的产生、特点与影响 …………………………… 169
　　第二节　高校学生挫折的产生与影响 …………………………………… 179
　　第三节　教育心理学在高校学生压力与挫折应对中的应用 …………… 184

参考文献………………………………………………………………………………… 195

第一章 教育心理学概述

本章为教育心理学概述，一共分为四部分内容：教育心理学的概念与发展，教育心理学的研究对象、方法与内容，教育心理学的作用，教育心理学的学习理论。

第一节 教育心理学的概念与发展

一、教育心理学的概念

在当今世界上，有关教育心理学的教育丛书多种多样，由于专家学者们的研究角度不同，导致了他们的观点也有所不同。

第一种是"现象说"，在潘菽主编的《教育心理学》（1980）一书中，这一观点被阐述得较为全面。潘菽认为："教育心理学的研究对象就是教育过程中的种种心理现象。"[1] 这种观点奠定了我国学者对于教育心理学研究对象的基本认识，影响了我国很多学者关于教育心理学本质的研究。但以这样的观点看待教育心理学，其缺点是教育心理学的研究对象难以与为教育服务的其他心理学分支学科相区分，从而使教育心理学丧失了研究对象的特殊性，难以与其他关心教育的学科分野，难以显示其存在的价值。

第二种是"规律说"，即把教育心理学的研究对象限定为学校情境中的学与教的心理学规律的探索。以美国教育心理学家奥苏贝尔和盖奇两人的观点为代表。奥苏贝尔注重学生的主动学习，强调有意义学习和发现学习，认为教师的教学只有辅助作用。我国教育心理学家冯忠良在其主编的《教育心理学》一书中明确指

---

[1] 孙义栋. 学前教育心理学理论探索 [M]. 长春：吉林文史出版社，2021.

出："教育心理学的对象可以确定为教育系统中学生的学习及其规律与运用。"[①] 与之相对，美国斯坦福大学的盖奇却是以教师的教为主线来编写教育心理学教科书。盖奇认为教育心理学应研究教师教的全过程和教的基本规律。

第三种是"师生交感互动行为说"，这种观点以中国台湾教育心理学家张春兴为代表，他在《张氏心理学辞典》一书中把教育心理学定义为"采取了其他心理学的理论与方法，在教育情境中，以教师与学生间交感互动的行为作为研究对象，其目的除解决教学上的实际问题之外，旨在建立系统的教学理论"[②]。

根据我国的实际情况和发展现状，教育心理学可以分为广义和狭义的教育心理学。广义的教育心理学指的是在教育实践中，研究各种心理与行为规律的科学，包括学校教育心理学、家庭教育心理学和社会教育心理学。狭义的教育心理学指的是在学校情境中，一门研究学与教的基本心理规律的科学，主要指的是学校教育心理学。

本书主要研究的是狭义的教育心理学，包括受教育者的各种心理现象及其变化、发展规律，以及教育者如何通过这些规律对受教育者进行有效的教育。这是一门介于教育科学和心理科学之间的边缘学科。

二、教育心理学的发展

（一）心理学思想与教育的早期结合

在教育心理学作为一门独立的学科之前，就出现了教育心理学思想。早期的教育心理学思想，主要体现在历史上的哲学家、思想家、教育家运用心理学的观点对教育问题进行讨论上。

我国古代的教育家、思想家，如孔子、孟子、荀子等人的教育思想中都具有一定的心理学观点。

古希腊哲学家亚里士多德也强调教育与灵魂（心理）的联系。他将灵魂分为植物灵魂、动物灵魂和理性灵魂三类。

19世纪瑞士教育家裴斯塔洛齐主张"教育心理学化"。

[①] 严明. 语言教育心理学理论研究 [M]. 长春：吉林出版集团有限责任公司，2009.
[②] 皮连生. 教育心理学 第3版 [M]. 上海：上海教育出版社，2004.

19世纪德国教育家赫尔巴特受到裴斯塔洛齐思想的影响，认为教育方法应以心理学为基础。

（二）教育心理学的产生

在19世纪末期20世纪初期，教育心理学就已经具备了诞生的条件，其诞生的条件有三方面，分别是科学的心理学体系、科学的方法、适当的人才。需要注意的是，教育心理学属于心理学的一个分支学科。

冯特是德国的一名心理学家，他曾在1879年创立了世界上第一个心理学实验室，创立地点在德国莱比锡大学，这所实验室的创办标志着心理学作为一门独立学科的诞生。冯特在心理学的研究中引入了实验法，并形成了完整的心理学体系，从而为心理学研究培养了一大批杰出的人才。在教育心理学的研究过程中，冯特的学生也为这一研究作出了重要的贡献，如霍尔、莫依曼、卡特尔等。此外，卡特尔还对个别差异和心理测验的研究也作出了重要的贡献。

桑代克是"教育心理学之父"，他致力于研究人类学习和动物学习。对于研究方法，桑代克采取了自然科学的方法进行研究，而不是使用以往的单纯内省和思辨的方式，这一研究方法为科学的教育心理学研究开创了先河，而桑代克也成为教育心理学的开创者。

（三）西方教育心理学的发展历程

1. 萌芽时期（古希腊时期到19世纪末）

文艺复兴之后，自然主义的教育运动对哲学心理学与教育实践的结合起了推动作用，许多教育理论家和实践家开始自觉地将教育与心理学相结合，主要代表人物有夸美纽斯、裴斯泰洛齐和赫尔巴特。

夸美纽斯强调教育要顺应人的自然本性。自然本性是指儿童的身心发展规律。他强调"人具有接受教育的巨大潜力""人心具有极大的可塑性"等思想。

裴斯泰洛齐是瑞士教育家，他曾在《论教学方法》这本书中首次提出了"使教育心理学化"的设想。之后又在《葛笃德怎样教育她的子女》中首次提出了一整套心理学化的教学思想体系。

赫尔巴特是德国教育家、哲学家兼心理学家，同时他也是第一个将心理学作为教育学理论基础的人。赫尔巴特的代表作主要有《普通教育学》《心理学教科书》等。

2. 初创时期（20世纪初期至20世纪20年代）

桑代克在1903年出版了《教育心理学》，它是西方第一本以"教育心理学"命名的专著，同时，这本书的出版标志着教育心理学成为独立体系。在1913—1914年，《教育心理学》又发展为三大卷《教育心理大纲》。桑代克的教育心理学主要分为三部分，分别是人类的本性、学习心理、个别差异及其原因。桑代克在建立自己的教育心理学体系时，从"人是一个生物的存在"这一角度出发进行研究。这一时期重视在教育中运用心理学，并把心理学作为教育理论的基础。

3. 发展时期（20世纪20年代到50年代末）

20世纪20年代，西方教育心理学先后吸收了儿童心理学心理测验、学科心理、程序教学与机器教学的成果，进一步对动物和人的学习进行了研究，从而改变并丰富了教育心理学的内容。20世纪30年代，学科心理学快速发展，也成为教育心理学的组成部分。

弗洛伊德理论盛行于20世纪40年代，并且他关于儿童的个性、社会适应能力、生理卫生问题的研究被纳入了教育心理学领域。在20世纪50年代，受程序教学和教学机器的影响，许多心理学家开始接受信息论的思想，这使得教育心理学的内容和研究成果也逐渐发生改变。也是在这一时期，美国出版了大量没有统一理论指导的教育心理学教材和教育心理文选类的书籍，这些出版的书籍不仅版本众多，并且体系也不统一，其内容也只是选自普通心理学和儿童心理学。可见，在当时教育心理学还没有成为独立理论体系的学科。

4. 成熟时期（20世纪60年代到70年代末）

20世纪60年代，西方教育心理学的内容和体系开始出现变化。内容日趋集中，如对于教育与心理发展的关系、学习心理、教学心理、评定与测量等几个方面的研究为大多数心理学家所公认。这一时期，西方教育心理学开始加强对学校教育的服务，同时也比较注重结合教育实际。这意味着教育心理学正在形成一门具有独立理论体系的学科。

教育心理学在这一时期的发展十分迅速，主要出现在美国和苏联等地。并且还涌现了众多著名的教育心理学家。这些教育心理学家提出了各具代表性的学习理论，初步建立起完整的现代教育心理学体系。美国的教育心理学从布鲁纳发起课程改革运动后，就逐渐加强了对教育过程和学生心理的重视程度，同时也在加强对教材、教法、教学手段的改进。

（1）布卢姆。布卢姆在 1956 年出版了《教育目标分类》、在 1976 年出版了《人类的特征与学习》，这两本书籍是他的主要代表作。另外，布卢姆还提出了掌握学习理论，这一理论与教育目标分类为教育心理学的研究作出了重要贡献。

（2）布鲁纳。布鲁纳的代表作是《教育过程》，这本书完成于 1960 年。布鲁纳提出了认知发现学习理论，这一理论对美国、中国甚至世界范围内的学校教育都产生了重要影响。

（3）加涅。加涅的代表作是《学习的条件》，完成于 1965 年。加涅主要研究的是学习的分类，他认为只有在教师指导下的学习，才是最有效的学习。

（4）奥苏贝尔。奥苏贝尔的代表作是《教育心理学：认知观》，完成于 1968 年。奥苏贝尔提出了有意义言语学习理论，其对改进传统模式的学校教学过程有着重要意义。

（5）安德森。安德森与富斯特共同写作的《教育心理学：教和学的科学》完成于 1974 年，这本书主要阐述了行为主义观点。

这一时期的教育心理学发展可以通过上述美国教育心理学家和苏联教育心理学家，如加里培林和赞科夫等人的研究来体现出来。迄今为止，我国和世界上其他各国还在学习、借鉴、消化、吸收这些教育心理学家提出的相关理论。这些理论对于我国和世界上其他各国的教育都有着较大的影响，因此，有必要重视对这些理论的深入研究和学习。

5. 完善时期（20 世纪 80 年代以后）

教育心理学体系的发展在 20 世纪 80 年代更为完善，其内容也更为丰富。随着认知心理学研究的发展，加上皮亚杰和维果斯基的理论进入美国，人们的思想观念也产生了重要变化。人们不仅对学习的概念有着新的认知与理解，同时也开始逐渐重视对学习和教学过程的深入研究，开始从认知层面研究问题的解决过程、学习策略和学习动机。同时，教育心理学研究开始注重为教学实践服务，发展了合作学习等众多有效的教学模式。维特罗克在教学研究中感受到，人类学习是一个生成或意义建构的过程，并提出了生成学习理论和技术。

布鲁纳在 1994 年美国教育研究会的特邀专题报告中，精辟地总结了教育心理学十几年的成果，主要表现在以下四个方面。

（1）主动性研究。主要研究的是怎样才能让学生在积极主动参与教与学的过程中，同时确保其能对自身的心理活动进行控制。

（2）反思性研究。主要研究的是怎样促进学生从内部理解所学内容的意义，并能对学习进行自我调节。

（3）合作性研究。研究如何使学生共享教与学过程中所涉及的人类资源，如何在一定背景下将学生组织起来一起学习，如同伴辅导、合作学习，交互式学习等，从而使学生将个人的科学思维与同伴合作相结合。

（4）社会文化研究。研究社会文化背景是如何影响学习过程与结果的。

（四）俄国、苏联教育心理学的发展

俄国教育心理学的发展可以追溯到 18 世纪上半叶，俄国学者塔季舍夫主张深入研究人类的本性，详细描述了不同年龄段的儿童心理特点，致力于将心理学知识与教学和教育的任务联系起来，这些思想对后来的俄国教育心理学的形成起到了重要作用。

1868 年，俄罗斯著名教育家乌申斯基出版《人是教育的对象》一书，对当时心理学的发展成果进行了系统的总结，由此，他被称为"俄罗斯教育心理学的奠基人"。

1877 年，出现了最早以教育心理学命名的书籍——《教育心理学》，这是由俄国教育家与心理学家卡普杰列夫所著。

1917 年十月革命后，尝试以马克思主义的基本观点发展教育心理学。

20 世纪 30 年代以后，主张以理论探索为主，其中具有较大贡献的学者有维果茨基、布隆斯基和鲁宾斯坦。

20 世纪 40 年代到 50 年代末，苏联教育心理学重视结合教学与教育实际进行研究，广泛采用自然实验法，使得综合性研究的科学性提高。

（五）中国教育心理学的发展

《教育实用心理学》的作者是日本的学者——小原又一，在经由房东岳翻译后，于 1908 年传入我国。这本书是我国出现的第一本教育心理学著作。

在中华人民共和国成立初期，我国的心理学受到苏联心理学的巨大影响，在其影响下，开始学习苏联教育心理学的经验，并对桑代克的理论与心理测验技术进行了批评。

在20世纪60年代初，我国教育心理学家开始结合教育实际进行研究，其研究范围主要包括学习心理、德育心理、智育心理、学科心理、学生的个别差异等方面，并于1963年出版了潘菽主编的《教育心理学》一书。

我国的教育心理学最初是从西方引进的，我国第一本教育心理学教科书是廖世承于1924年编写的。直到中华人民共和国成立之前，我国才对一些学科心理（尤其是汉语学心理）、教育与心理测验进行了科学研究。但在这一研究过程中，其研究方法还是沿用的西方研究方法，并没有形成自己的理论体系。在中华人民共和国成立后，国内的教育心理学学者对苏联的教育心理学进行了大量的研究，并进行了一些关于教学改革、幼儿入学年龄等方面的实验研究。20世纪60年代前期，我国教育心理学者主要对学科心理进行了大量实验研究，在20世纪70年代后期，随着教育心理学的繁荣发展，我国教育心理学者开始编写并翻译大量教育心理学教科书。我国的教育心理学者在吸收国外先进科学研究成果的同时，将其与国内的教育教学实际相结合，进行了大量的理论与应用研究。

（六）教育心理学的发展趋势

在建构主义、后现代主义、认知主义和人本主义等多元研究取向影响下的当代教育心理学的发展，正呈现出理论观点的多元融合、研究对象的"全人化"、研究设计的质量结合、研究方法的综合化、研究情境的生态化等基本趋势。对于这些研究取向和基本趋势的研究，能够为我国的教育心理学学科建设带来积极的帮助，同时对教育心理学更好地服务于教育实践也有着积极意义。

1. 教育心理学的基本现状

（1）教育心理学一开始的关注重点是学习心理，渐渐地转变为关注教和学两方面的心理，由此，教学心理学逐渐成为教育心理学中最具有研究意义的领域。首次提出"教学心理学"这个术语的是加涅，其于1969年在《美国心理学年鉴》一书中提出。而1978年，美国心理学家格拉塞主编的书籍——《教育心理学的进展》第1卷的出版，标志着教学心理学的诞生。美国教育心理学家布鲁纳在20世纪50年代对教育与课程进行了改革。在经过这一改革之后，教育心理学的关注重点变为教师如何教、学生如何学、关注学生学习的认知过程、关注教师如何促进这些认知过程的发展，而不再像之前一样单纯关注学习实质的问题。

（2）开始注重在实际教育中的因素研究，如各种策略和元认知的研究。在最近的十几年中，对策略与元认知的研究主要集中在两方面。

①研究的主要焦点是探讨在教学期间，学生所应用与存在的各类认知策略及其元认知的问题，目标是进一步探索这些策略与元认知的核心性质，并探索它们与学生认知活动的密切关系。

②对这些策略和元认知的深入探讨，以及研究它们与学生间的个体差异和综合认知方式的结合，实质上是在研究这些策略和元认知在不同学生群体中的实际效果。针对这一问题的研究，虽然已经有了大量的实验出现，并且也取得了一定的成果，但其中也存在着一些问题，主要有两方面。一是这些策略与元认知的研究成果如何应用到教学中；二是在理论方面，还未深入了解这些策略与元认知之间的本质联系，尤其是它们之间的整体联系。

（3）逐渐重视在教育心理学中的社会心理因素的研究。这是因为教学的环境是相同的，但每位学生的学习成绩却是不同的，针对这一现象，教育心理学家开始逐步探索影响认知过程的各种因素及其相互关系。

2.教育心理学的发展趋势的具体表现

（1）在此基础上，将会进一步拓展教育心理学的研究范围，更多地关注教育教学现实中的问题。在今后的教育心理学研究中，不能只把注意力放在"教"与"学"的问题上，更要注意教育中遇到的其他问题。国内学者当前对学校本位问题的研究还会继续进行，这将为教育心理学引入新的研究主题，进一步拓展了教育心理学的研究领域，促进了教育心理学的发展。

（2）教育心理学研究方法将会更加综合化。目前教育心理学自身并没有独特的研究方法，这是因为教育心理学的出现时间还不到百年，其发展历史短，难以形成独特的研究方法。此外教育心理学还兼具自然学科、理论学科、社会学科、应用学科等特点，因此这也是形成独特研究方法的因素。虽然现在教育心理学采用的研究方法众多，但这并不是在自身发展的基础上形成的，而是借用其他学科的方法在自身的基础上稍加修改而成的。这种改动其他学科研究方法的做法，虽然在一定程度上推动了教育心理学的发展，但也制约着教育心理学的发展。因此，教育心理学在今后的发展中，应该根据本学科的特点，将各有关学科的研究方法与正在使用的研究方法结合起来，从而形成一种真正适用于教育心理学研究的综合化方法，进而才能促进教育心理学的发展。

（3）学习策略、教学策略、解决问题的策略，学习动机、学生与学习情境间的相互作用等研究必将进一步深入或得到进一步的加强。

（4）教育心理学将会继续重视对个别差异和个别化的教学研究。并且在教育心理学的研究过程中，一些出现的新变化将会为其带来新的研究课题，如在对人类研究不断深入的过程中，人们逐渐开始重视个体的独特性；随着现代教育技术的发展，丰富了学生的学习内容和学习方式，学生可以自由的选择想要学习的内容进行学习。此外，教育心理学还需要科学研究学生学习过程的特点以及学生的元认知能力和自我监控能力的培养等方面。

（5）将会出现更加系统化和完整化的教育心理学的理论。教育心理学在之后很长一段时间内还是会围绕众多理论进行研究，如学习理论、动机理论、教学理论、教育社会心理理论和发展理论等内容。但是随着研究的不断进行和深入，教育心理学的理论将会更加系统化，进而会形成一个比较统一的体系。

第二节 教育心理学的研究对象、方法与内容

一、教育心理学的研究对象

学习或研究教育心理学必须对教育有基本的认识。教育作为人类一种永恒的、促进其发展的社会交互系统，自产生之日起就有其自身的特点和规律，是一个特殊的社会活动领域。教育有广义和狭义之分。广义的教育泛指能增进人的知识和技能、培养人的智能和人格、改进人的思想和行为的一切活动。从空间范畴分，它包括家庭教育、学校教育和社会教育等基本形式；从内容范畴分，它包括社会规范教育、文化知识教育和心理素质教育等领域。狭义的教育一般是指学校教育，它是根据时代和社会的需要，遵循学生身心发展规律和年龄特征，有目的、有计划、有组织地对受教育者施加影响的活动。与广义的教育比较，狭义的教育目的性更明确，对象性更稳定，针对性更具体，组织性更严密，专业性更强。无论是广义的教育还是狭义的教育，教育的影响者和受影响者都是人，人是教育活动的主体。教育活动中人的构成和发展变化十分复杂，涉及多方面因素的交互作用，需要从多学科不同层面进行深入研究。

教育心理学侧重研究教育教学情境中主体的心理活动及其发展变化的机制、规律和有效促进策略。这就清楚地表明，教育心理学的研究对象具有二重性，即一方面要研究主体（师生）心理活动的一般机制和规律，另一方面要研究指导教与学、促进主体（主要指学生）健康发展的有效策略。人从儿童、少年到青年，大部分时间在学校度过。学校中的主体主要由教师和学生组成，师生在教与学中产生心理活动的激活与变化，既要适应主体已有的心理素质水平，又要促进其心理素质水平不断发展。无论教育是适应主体现有心理水平还是发展主体新的或更高水平的心理素质，都要求我们既应从发生的角度探索学生心理活动的一般机制和规律，以解决教育的前提问题，又应从发展的角度研究促进学生素质健全发展的规律和策略，以解决教育的工效问题。因此，根据不同的研究目标，教育心理学可分为不同的研究领域或层面：（1）研究教育心理学的科学学问题，构建学科基础和学科体系；（2）研究主体心理发展的一般机制和规律，揭示教与学情境中主体心理活动的机制和规律；（3）研究在教与学情境中促进主体心理发展变化的有效途径和策略；（4）研究制约和影响主体顺利实现教与学的目标及主体发展的条件和因素。教育心理学的上述不同研究领域都是围绕教与学展开的，它们分别从不同侧面揭示了教育心理学研究对象发展变化的特征和规律。

在现代教育心理学研究中，现在注重学习心理和教学心理的研究，不存在孰重孰轻的问题。在学校教育中，人与人的交往是复杂的，因此人们表现出的心理现象也是复杂的，其中包括师生之间的关系与心理现象。所以，教育心理学应该从教与学两个方面来研究主体心理活动和规律变化。

此外，随着教育心理学的发展，其研究领域也在不断拓展，产生了一些很有理论价值和实践指导意义的新兴研究课题，如美育心理问题、教育社会心理问题、心理健康教育和心理素质培养问题、有效教与学的策略问题等，这些都是传统教育心理学较少涉及的重要研究领域。

二、教育心理学的研究方法

（一）教育心理学研究的思想方法

1. 辩证观

辩证观主张从实际出发对问题进行研究，讲究实事求是。它十分反对经验论和机械论,同时,辩证观通常是以发展的眼光来看待事物,并且还会从多个角度、多个方面来看待事物。因此,所有科学研究,包括教育心理学研究都应该遵循辩证观的思想方法。

从研究对象的角度分析,教育心理学以教育情境中主体心理活动的规律及促进策略为研究对象。教育情境是一个复杂系统,既包括客观自然环境和人造物理环境,又包括群体和个体的心理环境。教育情境中的主体既指学习者,又包括教育者(主要指教师)。因此,研究教育情境中主体心理活动的机制和规律只有从揭示主观与客观、心理与行为等多维辩证关系着眼,才能透过心理活动或心理事件的"现象",抓住主体心理变化发展的机制和规律这个"本质"。

从学科属性的角度分析,教育心理学既是一门交叉学科,又是一门相对独立的学科。因此,从事教育心理学研究的研究者既应考虑交叉学科的特点,又要不失研究自身的独特性。这就要求研究者善于用辩证的观点看问题、分析问题和解决问题。

从学科历史的角度分析,在教育心理学的百年发展中,研究者在理论与实践、主观与客观、继承与创新、借鉴与发展等关系问题上长期争论不休,究其原因,主要是背离辩证观看问题。因此,要妥善解决上述关系问题,唯有以辩证观为指导,具体问题具体分析,多方位探索事物之间的联系,善于抓住隐藏在现象背后的本质问题,寻找问题的根本解决途径。

2. 人性观

教育心理学十分重视对人性的探讨,这它从出现之初就已经存在。桑代克(E.L.Thorndike,1874—1949)在研究教育心理学时,就将其界定为研究人性的科学。虽然教育心理学关于人性的探讨很早就开始了,但仍没有界定统一教育心理学的人性观应该是什么样的。所以,只有确立了科学的人性观才能为教育心理学研究带来重要的思想方法。

所谓人性观,是指对人(总体)的本质属性的根本观点。自从人类诞生以来,一刻也没有停止对认识自身的探索。对于"人究竟是什么"的问题,人们迄今仍在争论。有人认为,人是生物实体,其本质是生物性;有人认为,人是社会实体,其本质是社会性;有人认为,人是智慧性动物,其本质是意识性……从某一角度看,上述观点都没有错,但都是从某一侧面去看待人性,难免管中窥豹。事实上,人是地球上最复杂的存在物，认识其本质应从不同角度去探讨。

从有机体发生的角度看，人具有生物本性。生物科学的研究表明，人从胚胎形成到生理机能的发展都与其遗传基因有密切的联系，即人的发展在其生物性方面与其种系和有血缘关系的长辈有天然联系，而人的生物特性又是其心理发生发展的自然基础。所以，生物性是人性中自然性的主要表现。

从有机体发展的角度看，人具有社会本性。人从出生到死亡是一个社会化的过程，个体在这一过程中必须完成由生物实体向社会实体的转变，成为社会成员。社会性是社会成员的本质特征之一，它表现在人的适应、发展、创造等各种社会行为之中，呈现出交往性、主体性和发展性等基本特征，是人的心理发展的重要内容。

从人与其他生物的根本区别的角度看，人具有独特的意识性。心理现象，尤其是较低级的心理反应是人和动物都有的，但意识这种高级心理是人类特有的。正是由于人类具有意识性，因此他们不仅能积极地适应环境，而且能主动地改造环境，探索未知，创造发明，发展自身。人类的智慧器官——人脑是地球上最复杂的系统，人类的每一次重大的文明进步和科技发展都是人类大脑解放和智慧开发的结果。教育作为人类智慧开发的基础工程，在人类智慧开发方面具有不可替代性。因此，研究教育情境中主体心理活动机制和规律的教育心理学应充分重视对人的意识性的探索。

3. 系统观

从系统观出发去研究复杂的教育心理学问题，就是要从教育情境中主体心理结构与功能等多方面去认识它。通过揭示研究对象心理系统（结构）的要素（成分），并了解各成分之间的关系以及每一成分与心理结构之间的关系，认识主体心理结构；通过研究主体心理系统与环境系统的关系，认识主体心理系统的功能。

（1）把握主体心理的整体性

各种机能组成了一个有机的整体，这个整体就是人的心理。人的心理是由多种因素交互作用而形成的，主要有生理、环境刺激、神经系统、行为活动等，这使得人的心理现象是复杂的。虽然人的心理现象是复杂多变的，但这并不意味着人的心理现象能够孤立存在。因此不能使用孤立、分离的方式来研究心理现象，否则就无法了解心理现象的特性及其相互的制约关系。可见，在教育教学情境中，要想研究各种复杂的心理现象就需要在大背景下进行综合考虑。

（2）了解主体心理的层次性

人的心理其实就是一个系统，并且这个系统具有自组织、有序、复杂的特征。在这个系统中，人的心理可以划分为四个层次的结构，分别是心理的社会实践结构、个性心理结构、心理活动结构、心理的物质结构。这四个结构在心理活动中担任着不同的职能。在研究教育心理学时，需要区分不同心理现象之间的结构和联系，确定它们之间的结构网络，揭示支配人类心理层次的规律。

（3）分析主体心理的动态性

人的心理处于一种不断变化发展的状态，并且会随着人的社会实践活动的变化而变化，而心理活动也会随着信息的输入而不断变化。因此，应该对心理现象进行动态分析，了解其产生的原因、过程和发展转化的机制等。

（4）增强主体心理的自组织适应性

为了能够与外界环境、社会相适应，人的心理会在大脑的调控下，利用与外界交流而获取的信息，来不断完善并发展自身原有的心理结构，进而提高心理系统的有序性。机体与外界环境相互作用而产生的结果就是学习者的行为，而教育教学就是通过刺激外部环境，来影响与改善学习者内部心理结构的有序性和自组织能力。

（二）教育心理学的实证研究方法

实证研究方法是教育心理学的主要研究方法，可分为描述性研究方法和实验性研究方法。

1. 描述性研究方法

（1）观察法

观察法是指在教育教学过程中，通过对个体的直接观察，来记录个体展示的某种心理活动或行为表现，以便能更好地了解学生心理。要注意的是，在实施观察法时，研究者不能影响被观察者的正常行为，不能在观察情境中施加任何能够干预被观察者的因素。在教育心理学研究中，观察法是使用最为普遍的研究方法，这种方法不仅使用简便，也可以与其他方法结合使用。观察法有优势也有不足，优势就是能够真实了解个体的情况，不足就是观察法只能了解学生心理活动的外部表现，无法深入了解学生的心理活动，了解其因果关系。另外，在实施观察法时，需要观察者具有敏锐的观察力，能够从复杂的情境中观察到所需的行为或活动，并且还要能够及时记录下来。因此，要想能够获得良好的系统观察效果，需要注意以下几点：①观察面要具体，以观察少数或一种行为最佳，应该确定特定的观察内容；②在观察前，应该确定好观察哪一类行为或活动；③观察时间应该适当，不宜过长，在观察同一类行为时，可以采用重复观察的方法，即使用时间取样的方式；④要及时对观察到的行为进行记录，可以使用录像或录音器材记录；⑤不要让被观察者知道在对其进行观察，以免影响观察结果，例如可以采用单向玻璃或者监控等方式进行观察。

（2）调查法

调查法就是利用多种途径来获取有关调查对象的心理与行为的资料。调查法的方式有多种，有面对面交谈、家访、作品分析、问卷法等，通过这些方式能够了解学生的个人情况、在家情况和学习情况等。其中使用最广泛的方法就是问卷法，问卷法也存在优势与不足，优势是它简单易操作，且能够覆盖大范围的样本，确保研究结果具有普适性。此外，通过对数据进行统计分析，可以进一步提升其可靠性。其不足之处就是无法及时准确地反映调查对象的心理变化，调查对象可能会隐瞒真实想法，而且在统计处理方面也可能不够精确。在编制调查问卷时，应该注意以下几点，这样才能客观了解被调查者的心理与行为：①问卷的题目数量应该适中，过多的题目会引起被调查者的厌倦心理，从而影响最终结果的精确度。问卷题目应该精练，应针对想要了解的方面设置问题。②在问卷中加一些探测题目，从而能够了解到被调查者是否真实回答问题。③在编制问卷题目时，应该生动有趣，并且问题应该简单，不用让被调查者思考太多，这样才能使被调查者的回答更符合内心的真实反映。④在问卷制作完成后，要先进行信度和效度分析，还应该事先找人进行试验，针对不合理的地方要及时调整，这样才能保证问卷的有效性。

（3）个案研究

个案研究着重于对个人或群体的问题进行深入分析，有时会借助纵向跟踪研究，详细记录被调查者的心理活动发展过程，以便针对特定的教育或教学心理问题，提出相应的解决方案。这种方法更适用于研究特殊群体，例如超常儿童、特殊才能儿童、学习困难儿童和品德有问题的儿童。要注意的是，在进行个案研究时，应该全面收集个案的材料，从而才能针对问题提出准确的见解。在实施个案研究的过程中，研究者不仅要全面了解被调查者的情况，还要与被调查者建立良好的关系，获取被调查者的信任，这样才能保证在个案研究中能够第一时间获得资料，确保个案研究顺利进行。

2. 实验性研究方法

实验性研究方法有实验室实验法和自然实验法两种。实验性研究方法开展的前提条件是要严格控制实验条件，这样才能确保能通过控制教育教学情境中的变量来研究这些变量产生的效应。

（1）实验室实验法

实验室实验法需要在专门的实验室内进行，并且还需要通过一定的仪器来进行心理实验，以此来获得人的心理现象，这种实验方法比较具有科学依据。在研究记忆、字词识别等影响因素时，就可以在实验室通过某些仪器进行研究，例如移动视窗技术、眼动仪、速视仪。利用实验室实验法有好处，但也有不足，好处就是因为这些实验都是依靠仪器来完成的，数据较为准确可靠，研究结论也具有说服力；不足就是该实验的人为性比较明显，并且还简化了教育情境中的众多心理现象，因此该实验研究结果的实际推广价值比较有限。所以自然实验法是教育心理学研究中使用最多的方法。

（2）自然实验法

自然实验法在教育实际研究中，主要是根据研究目的来对某些条件进行控制，从而引起人们产生心理活动并对其进行研究的方法。自然实验法不仅具有观察法的优势，能将教育实际情况反映出来，同时也具有实验室实验法的优势，能对变量进行控制，确保研究结果的精确度。自然实验法的基本形式主要有以下三种。

①单组实验。主要是让同一实验小组接受两种不同的实验因素，需要确保只有实验因素不同，而其他条件相同，之后通过对因实验因素不同而产生的不同结果进行对比分析。这种实验方式虽然实验因素便于控制，实验过程简便，但是由于这种实验方法需要接受两次实验因素不同的实验，可能会受到两种实验因素相互交叉的影响，从而影响实验结果。

②等组实验。这种实验方法就是将实验小组随机分为多个实验对象进行研究，具体数量要根据实验条件决定。例如在研究生字密度对于阅读的影响时，生字的

密度就是自变量，可以分为高中低三个水平，此时就可以根据这三个水平将实验人员平均分为三组。通常在教育心理学研究中，将实验小组分为实验组和控制组两个小组，便于后期对实验结果进行对照。其中实验组主要是接受实验的影响，而控制组则不接受实验，需要注意的是，两小组的其他各个条件应该是相同的，这样才能确保结果的准确性。之后将实验组产生的结果进行观察分析，从而判断实验因素的作用。

③循环组实验。它是一种将单组和等组结合在一起的方式，每个实验因素在各组中交替应用。因为采用循环的方式，各个组的条件可以不同也可以完全相同。要在同一时间内分别使用不同的实验条件，之后在对实验数据进行比较后，进行下一阶段的实验循环，并再次对结果进行对比。这一种形式综合了前两种形式的长处，但实验操作比较复杂，同时组织运用的难度也较大。

三、教育心理学的研究内容

（一）学习与教学的要素

1. 学生

学生是学习的主体，在教学中占主体地位。任何教学手段的开展都需要依靠学生才能发挥作用。在学与教的过程中，主要有两个因素会对学生产生影响，并且这两个因素也是教育心理学研究的主要内容。一是群体差异，指的是学生的年龄、性别、社会文化差异等；二是个体差异，指的是学生个人的学习方式、先前的知识基础、智力水平、兴趣等方面的差异。

2. 教师

虽然学生是学习的主体，但这并不影响教师在教学过程中起着主导地位的作用。教师主要负责履行教育教学职责，并在其中扮演着十分重要的角色。在教育教学过程中，教师应该按照教学目标来组织教学。研究教师心理主要包括研究教师的敬业精神、专业技能、专业知识和教学风格等方面。

3. 教学内容

教学内容主要指的是教学大纲、教材和课程。在学与教的过程中，教学内容起着中介的作用，主要指的是教师有意传递的信息部分。其中教学大纲指的是课程计划中的指导性文件，是根据每门学科的教学内容编定的文件，其编定的形式就是纲要；教材指的是教师和学生用来进行教学活动的材料。

课程有广义和狭义之分，学校中的课程通常指的是狭义上的课程，即某一门学科。在教材的编制和课程的设置上，需要注意确保教材和课程适合学生的现有发展水平、学生学习的过程和特点，还要确保教学是有效的，能促进学生向更高水平发展。同时，教材的编制与课程的设置还要以学习和教学的理论研究为基础。

4. 教学媒体

教学媒体不仅是师生之间传递信息的重要工具，同时也是教学内容的载体与表现形式。随着时代的快速发展，教学媒体也在不断发展变化，成为教学过程中具有独特意义的因素，由最开始的简单的教具模型、口头语言、书本、投影、录音、录像已经发展到多媒体计算机网络。在教学过程中，教学媒体也起着十分重要的作用，它影响着教学内容的呈现方式和容量大小，还影响着教学组织形式和学生的学习方法。

5. 教学环境

教学环境会影响学生的学习过程和方法、教师的教学方法和教学组织。教学环境主要包括两个方面，分别是物质环境和社会环境。物质环境指的是教学设施、课堂自然条件（温度和照明）、座位的空间布置等；社会环境指的是课堂纪律、课堂氛围、师生关系、生生关系、校风、社会文化背景等。因此，教学环境不仅是研究教学设计和学习过程的重要内容，也是研究课堂管理的主要内容。

（二）学习与教学的过程

学习与教学的过程主要包括：学习过程、教学过程、评价/反思过程。

1. 学习过程

学习过程是学生通过与教师、同学和教学材料互动，在教学环境中获取知识、技能和态度的过程。学习过程是教育心理学研究的核心内容，包括学习的实质、条件、动机及迁移等问题。

2. 教学过程

教学过程就是教师通过设计教学情境、组织教学活动，与学生进行交流，从而将知识传授给学生，引起学生思考、探索，进而使得学生能够获得知识、情感与技能的过程。其中教学情境指的是选择教学目标、安排讲课的进度、设置教学环境等；组织教学活动指的是练习、讨论、讲演；信息交流指的是课堂提问、答疑等。此外，教师还要进行教学管理，确保教学的有效性。

3. 评价/反思过程

评价/反思过程主要包括教学前、教学中、教学后三个过程，分别是教学前对教学设计结果的评判与预测、教学中分析与监视教学、教学后检验与反思教学效果。因此，评价/反思过程始终贯穿在整个教学过程当中。

在教学结束之后，教师要及时对学习效果进行评价，同时还要对自己进行反思，找出存在的不足之处并改正，进而才能为后续的教学提供参考和借鉴经验。

在学与教的过程模式中，五种要素共同影响了三种过程，而且三种过程交织在一起，相互影响，主要体现在以下几点。

（1）学生的学习过程要在教学过程的背景下进行，并且学生在学习时，需要依靠原有的知识和学习发展水平学习。另外，学习的进展会因为教学质量的变化而发生变化。

（2）教学过程要根据学生的学习过程开展。另外教学过程需要根据多种因素及时调整，如教学内容的难易度、教师自身的特点、教学环境、教学媒体等。

（3）随着学习过程与教学过程的开展，评价/反思过程的侧重点也会有所不同，同时也正是因为这些侧重点的不同，会促进学习和教学过程的开展。

第三节　教育心理学的作用

一、有助于教师对问题准确了解

（一）从理论知识的角度来了解

对于学生在学习困难或心理发展中存在的问题，教师可以使用教育心理学的理论和研究方法先发现这些问题，从而针对学生出现的特定问题采取相应的解决方法，进而促进学生学业进步、心理健康发展。例如对于患有阅读障碍的学生，教师可以使用智力测验、阅读测验来找出其存在的问题，除此之外，还可以使用与阅读相关的其他生理方面的健康检查等形式进行治疗。阅读障碍除了与自身的身体发展有关，还可能与周围的环境或生活经历有关，如父母离异、父母对孩子的期望过高、父母不关心孩子使其丧失学习的信心、学生与教师关系不和、教师的教学方法不当致使学生失去学习兴趣等。

（二）从教育现象的角度来了解

教育心理学有助于教师对教育现象形成新的科学认识。随着社会经济的迅速发展和科学技术的突飞猛进，教育心理学也在适应社会发展中不断完善。正确剖析和认识社会中出现的教育现象，既需要深邃的历史眼光、宽广的现实视野，又需要教育心理学的知识、原理和研究成果。

二、为实际教学提供科学的理论指导

正是有了教育心理学的发展，才为实际教学提供了一般性的原则或技术。教师可以通过一系列因素将这些原则或技术变为具体的教学过程或教学活动，如教师可以利用教学内容、教学对象、教学材料、教学环境等因素。例如教师可以根据学习迁移的规律，在选择教学内容与安排教学程序时采取相应的措施，来帮助学生进行学习的迁移；教师还可以根据学习动机的规律，积极创设问题情境、恰当控制动机水平，从而激发学生的学习动机。

三、帮助教师预测并干预学生

利用教育心理学的原理，教师不仅可以精确地分析学生的行为模式和未来的发展趋势，还可以预测学生可能会采取的各种行为，并根据这些预测采取适当的干预或预防措施，以实现预定的目标，即解决"怎么做"的问题。心理学领域的专家常常依据教育心理学的基本理论和准则，结合学生的当前状况或以往表现，来预测他们未来可能从事的职业方向。如果心理学领域的专家能对学生的智力、学习方法和动机等多个维度有深入的认识，那么他就有能力更精确地预测学生在学校学习期间的学术表现。在进行行为预测时，必然会出现行为干预。从学生智力发展的视角出发，可以为那些具有超常智力或特殊天赋的孩子提供有助于他们充分展示潜能的环境和条件，可以给予智力发展滞后或学习困难的孩子更多的支持，或者采取有效的矫正措施，确保他们得到最大程度的发展。

四、帮助教师结合实际教学进行研究

教师不仅要学习教育心理学家们在教学领域中所做的各个方面的研究，而且，现代教育要求教师还应该是一个研究者，教师面对纷繁复杂的实际教学情境，要能够不断地发现问题、提出问题和解决问题。另外，教师还应保持持续反思与学习，总结自己的经验，通过阅读、观察和交流、交换经验来解决问题。教育心理学的出现，既为实际的教育活动带来了一般性的理论指导，也为教师参与教学研究提供了科学研究方法、技术和丰富案例作为参考。为了有效地教学，教师需要根据不同学生、不同班级、不同学校和社会环境的特点来灵活地调整教学方式。没有一种通用的教学模式适用于所有情况，因此教师需要根据实际情况创造性地运用教育心理学的基本原则来指导教学实践。简单地套用理论原则而不考虑实际情况可能会降低教学效果，甚至产生负面影响。

教育心理学并非给教师提供解决一切特定问题的具体模式，相反它给教师提供了进行科学研究的思路和研究的方法，使教师不仅能够理解，应用某些基本的原理和方法，而且还可以结合自己的教学实际进行创造性的研究，去验证这些原理并解决特定的问题。

第四节　教育心理学的学习理论

一、行为主义的学习理论

（一）桑代克的"联结—试误"说

桑代克被誉为现代教育心理学的奠基人。他把人和动物的学习定义为刺激与反应之间的联结，认为这种联结是通过盲目尝试—逐步减少错误—再尝试这样一个反复作用的过程而形成的。桑代克依据其动物学习实验所得的材料，创立了学习的联结—试误说，其中最著名的实验就是饿猫打开迷笼的实验。

桑代克设计了"桑代克迷笼"（图 1-4-1），将饿猫关入此笼中，在笼外放一条鱼，饿猫要冲出笼门去吃鱼，必须踩到开门的机关。经观察，刚放入笼中的饿猫以抓、咬、钻、挤等各种方式想逃出迷笼，在这些努力和尝试中，它会无意中踩到机关最终使门打开。把猫多次放回笼中后，发现饿猫的无效动作越来越少，逃出笼子的速度越来越快。经过反复尝试，最后饿猫能够一入迷笼就会立即以一种正确的方式去触及机关打开门。这时，饿猫就学会了作出成功的反应，抛弃了不成功的反应，自动形成了迷笼刺激情境与触及开门机关反应之间的联结。

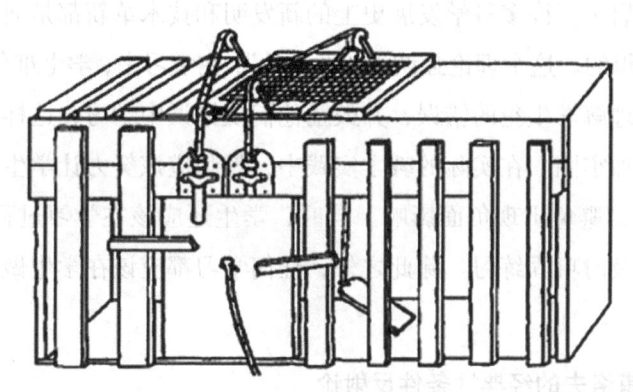

图1-4-1 桑代克迷笼

桑代克依据其实验结果提出了联结主义学习理论，并总结出了以下原理。

（1）学习的实质，就是形成了一定的联结。桑代克认为学习就是联结，并且认为联结与结合、关系、连锁、倾向是一样的，它们之间是同义的。联结指的就是在一定的情境下，能够唤起一定的反应，但是无法唤起其他反应的倾向。同时桑代克还认为通过不断地尝试会形成具有一定规律的学习——刺激与反应的联结。

（2）联结—试误学习的基本规律。桑代克在《教育心理学概论》（1914）一书中提出，试误过程主要受练习律、效果律和准备律的支配，并把它们称为学习的公律（主律）。

效果律是指在试误学习过程中，假设其他条件相同，当学习者对特定刺激作出反应后，根据结果的满意程度，该反应的联结会增强或减弱，即结果越满意，联结越强，反之则越弱。

练习律是指在试误学习过程中，当某种刺激与反应的联结经常练习或者运用时，它们之间的联结会变得更加牢固，如果不常练习或运用，这种联结会逐渐减弱并最终消失。

准备律是指在试误学习过程中，如果刺激与反应之间的联结已经处于一种准备状态时,这时如果实现了联结则会对结果感到满意,如果没有实现,则会不满意这一结果。但是如果不准备实现这种联结,但得到了需要的结果,也会不满意这种结果。

虽然试错学习模式是从动物实验中得出的,但仍然可以为人类学习或学生学习提供有益的启示。许多科学发展史上的新发明和技术革新都是通过重复实验和持续改良而取得的。这个理论强调了"做中学",在学习中,学生难免会出现错误,教师要包容并理解学生犯的错误,并鼓励他们从错误中学习,这样学生所获得的知识可能会更加牢固。在实际的教学实践中,教师应该努力让学生取得令他们满意的学习成果,避免出现负面影响。同时,学生还应该在学习过程中重视练习,并确保学习后及时巩固练习。除此之外,任何学习都应该在学生做好准备的情况下进行。

(二)巴甫洛夫的经典性条件反射论

俄国著名生理学家和心理学家巴甫洛夫(Ivan Petrovich Pavlov,1849—1936)通过对动物的实验研究,提出了经典性条件反射论。其中最著名的实验是狗分泌唾液的实验。

实验安排如图1-4-2所示:实验台上缚着狗,有导管与其唾液腺相连,有关设施可对唾液分泌情况加以计量。实验时,当铃声响起后就紧接着喂食,重复若干次后,即使没有食物,只要听到铃声,狗也会分泌唾液。这表明铃声与分泌唾液之间形成了联结,分泌唾液是对铃声的一种条件反射,即一个原来对分泌唾液中性(无作用)的刺激(铃声)能够达到一个原来就能引起某种反应(分泌唾液)的刺激(食物)的作用,从而使动物学会对那个中性刺激(铃声)作出反应(分

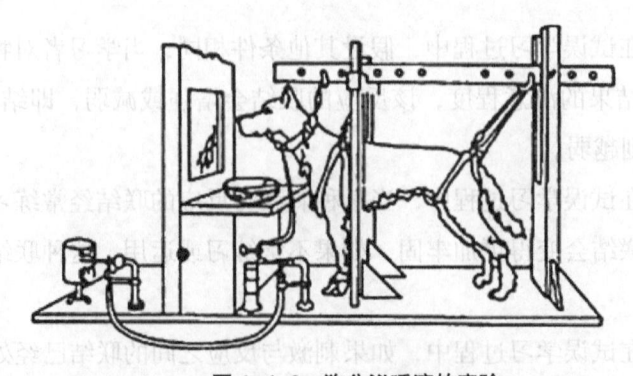

图1-4-2 狗分泌唾液的实验

泌唾液）。其中食物叫作无条件刺激（UCS），由食物引起唾液分泌叫作无条件反应（UCR）。铃声原来是一种中性刺激，和食物在时间上多次结合后，成了条件刺激（CS），仅由铃声引起唾液叫作条件反射（CR）。

针对经典性条件反射，巴甫洛夫提出以下主要原理：

（1）获得与消退。在获得条件反射的过程中，有两个关键要素。一是要确保条件刺激和无条件刺激能够同时或者几乎同时出现，只有这样才能建立联系，若间隔时间太久，则难以建立联系。二是条件刺激的出现时间必须要早于无条件刺激，这是因为条件刺激的出现标志着无条件刺激也要出现了，这是无条件刺激的出现信号。如果条件刺激的出现时间没有早于无条件刺激，也难以建立联系。当建立条件反射后，条件刺激的出现应该伴随着无条件刺激出现，否则没有无条件刺激的强化，那这个所建立的条件反射就会逐渐变弱，甚至消失，这个过程就是消退。因此，行为矫正者可以利用这一原理，利用消退法来消除学生的不良行为。

（2）泛化与分化。一旦人和动物对某一条件刺激产生了条件反射，那么类似的刺激也能触发相同的条件反射，这就是条件反射的泛化现象。例如生活中常说的谚语"一朝被蛇咬，十年怕井绳"。

刺激分化是指通过加强某些条件下的反应，使有机体学会在不同条件下对不同的条件刺激作出不同的回应。例如，通过只在圆形光圈出现时给予食物奖励，而在椭圆形光圈出现时不做任何奖励，狗就能学会区分圆形和椭圆形光圈。在实际的教学中，通常也需要对不同刺激进行分化，比如教导学生明辨勇敢和鲁莽、谦逊和畏缩、质量和重量等，以便学生准确掌握知识和正确表现行为。

刺激泛化是对相似的事物产生反应，而刺激分化则是对不同的事物产生反应，两者是一个互补的过程。在学习中运用泛化，能够使学生从一种情境迁移到另一情境，而运用分化则能使学生对不同的情境产生不同的反应。

（三）斯金纳的操作性条件反射论

斯金纳（B.F.Skinner，1904—1990）是美国著名的新行为主义心理学家，他在桑代克的联结主义学习理论的基础上，用自己发明的一种学习装置"斯金纳箱"进行实验，并提出了操作性条件反射论。

斯金纳箱内装有一杠杆（踏板），杠杆和另一提供食丸的装置相连接（图1-4-3）。实验时将饥饿的白鼠置于箱内，白鼠在箱内自由活动，当它偶然碰触到杠杆时，供丸装置里就会自动落下一颗食丸。经过几次尝试，它会不断地按压杠杆，直到吃饱为止。同时，箱外的记录器记下白鼠按压杠杆和得到食物的详细情况。这一装置是对桑代克迷笼的改进，箱内杠杆作为刺激具有良好的辨别性，抬起前腿按压杠杆既不同于啃、抓、咬等动作，又是新的不难掌握的动作。在这一实验中，白鼠学会了按压杠杆以获取食物，刺激情境（杠杆S）和压杆反应（获得食物R）之间形成固定的联系，形成了操作性条件反射。另外，按压杠杆变成了取得食物的手段或工具，因此，操作性条件反射又叫作工具性条件反射。

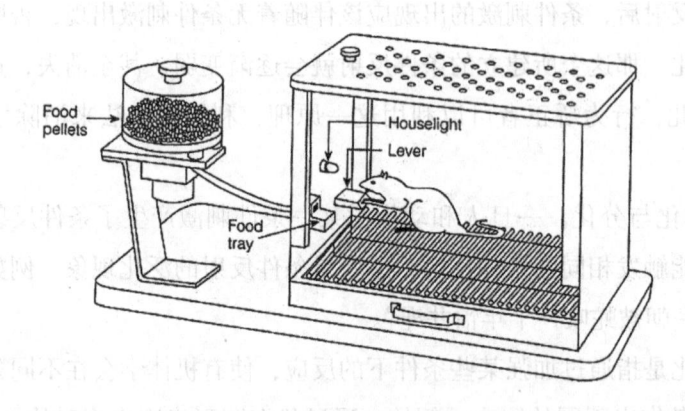

图1-4-3 斯金纳实验

操作性条件反射的主要原理如下。

（1）强化。斯金纳的实验在一定程度上受到桑代克的影响，但也有不同之处，斯金纳在解释影响个体操作性行为形成的因素时，采用的是强化的概念，并没有利用桑代克的奖赏概念进行说明。在条件反射中，只要是能够增强反应概率的手段，斯金纳都将其称为强化。其中，产生强化作用的刺激就是强化物，并且无论强化物是否出现，它都能增加反应发生的概率。需要注意的是，强化有正强化和负强化之分。

正强化就是积极强化，指的是在有机体作出某种特定反应时，要给予这一有机体某种奖励或者是正向的反馈，这样才能增加这一行为的发生概率。这种正强化方法的运用，在日常生活中是十分常见的，并且人们也会自觉或不自觉地运用这一方法来塑造他人的行为。例如教师对于在课堂上表现良好，遵守纪律的学生给予表扬；家长会对在考试中取得好成绩的孩子给予奖励等。

负强化也就是消极强化，指的是当个体作出了某种反应而避免了厌恶或者不愉快的情境出现时，就会增加这种反应在相似情境中的出现概率。例如，曾经被记过的学生，因为他知道悔改、改过自新而被撤销了记过；在监狱中，由于犯人表现良好，而会减刑等，在这种负强化的作用下，学生和犯人就会因为有好的表现而避免了处于厌恶或不愉快的情境，从而增加好的表现的出现概率。

有研究表明，强化效果会根据强化程序的不同而有不同的表现。相比于延宕强化，立即强化的效果更明显，延宕强化指的是在个体表现出正确的反应后，经过了一段时间才向其提供强化物；而立即强化指的是只要个体表现出了正确的反应后，就立即提供强化物。相比于连续强化，部分强化的效果更好，连续强化指的是只要个体作出正确的反应就会提供强化物；部分强化则是指只在部分正确反应出现后才会提供强化物。

（2）惩罚和消退。惩罚指的是当有机体在某种情境或刺激下作出某种反应后，为了减少这种反应发生的概率，而及时给予有机体一个厌恶刺激（惩罚物）。惩罚与负强化是不相同，负强化是通过减少厌恶刺激而增加有机体发生反应的概率；惩罚则是通过给予厌恶刺激而减少反应发生的概率。例如撤销处分与减刑就属于负强化；而批评、处分就属于惩罚。另外，除了两者的概念不同之外，其他不同的区别主要体现在三方面。一是实施方式不同，惩罚是在个体发生不良的行为时而使用的方法；而负强化则是对本来受惩罚的个体，在其表现良好时而使用的方法。二是目的不同，惩罚是为了减少个体发生不良行为；而负强化则是为了激励与增加个体良好行为的表现。三是后果不同，惩罚的后果是不愉快的；而负强化的后果则是愉快的。

研究显示，惩罚并非总是最有效的消除行为方式。尽管厌恶刺激可以暂时抑制行为，但原先的反应仍然可能会逐渐恢复。惩罚无法实现对行为的持久改变，它只是暂时性地压制行为而无法从本质上消除它。因此，需要谨慎考虑如何运用惩罚。在纠正不良行为时，最好不要只使用惩罚，而是应该将惩罚和负强化结合起来，这样才能更有效地达到预期的效果。

一旦有机体作出了曾经被强化过的反应，并且这次的反应没有强化物时，那么该反应将来发生的可能性就会减少，这个现象被称为消退。换句话说，消退是一种消减反应发生频率的过程，通过减少某种反应的发生概率来达到消除该行为的目的。在为了减少不良行为和消除坏习惯时，最有效的方法就是消退。例如孩子的很多任性行为实际上是因为他们通过哭闹能够得到玩具、冷饮等奖励，从而形成了这种习惯。为了改正这种行为，就不能再给予小孩奖励，父母的一味让步实际上在支持小孩作出错误的行为。因此，不应该通过强化来矫正不良行为，而是要选择淡化，这样不仅能够有效消除不当行为，同时也避免产生由惩罚等导致情绪受挫的负面影响。

（3）连续渐进法与塑造。为了能够研究一连串反应的学习，斯金纳设计了连续渐进法。使用该方法有一定的使用程序。①在要求个体学习时，应该先将个体学习的目标行为一一列举出来，例如训练智力较低的儿童自己能够上桌吃饭。②开饭前，如果儿童自己主动走向餐桌（第一个反应），就要及时给予奖励（强化）。③如果儿童主动坐上座位（第二个反应）也应该立即给予奖励。④当儿童能够自行拿起调羹时（第三个反应），也应当立即给予奖励。⑤使用调羹自行吃饭（第四个反应）也是目标行为，也应当给予奖励。将一连串的动作进行分解，逐步强化这些动作，最后将这些分解的动作逐步连贯在一起，形成复杂的行为方法，这就是塑造。

二、认知派的学习理论

从认知派的角度来看，学习是通过对各种事物的深度洞察，是一种在头脑中主动地塑造认知结构的过程。该认知派还认为学习是受主体预期引导的过程，并不是受习惯支配的过程。一个人处于目前的学习时期，其原有的知识体系和所面对的刺激环境都会对这一时期的学习产生影响。而教学目标就是为了让学习者能够将外界的知识和结构内化为自身内部的认知结构。认知派的学习理论主要涵盖了以下观点。

（一）布鲁纳的发现学习论

布鲁纳，这位在美国深受赞誉的认知教育心理学家，他的研究重点主要在于知识获得的内部认知过程，以及在教学中对学习理论和教学理论的应用。布鲁纳十分重视学生在学习过程中的主动探索，认为学习的目的就是通过应用发现学习的方式，将学科的基本结构变成学生头脑中的认知结构。于是，他提出的这一理论被正式命名为"发现学习论"。

1. 认知结构观

布鲁纳十分重视学习的主动性和认知结构的重要性，同时他还认为学习的实质在于积极主动地构建认知结构，而不是被动地形成刺激—反应的联结。学习者并不仅仅是被动地吸收知识，他们更是积极主动地吸收新的知识，并将这些新知识与现有的认知框架结合，从而主动地构建自己的知识结构。

布鲁纳研究发现，学习涉及三个几乎同时进行的过程，分别是获得、转化、评价。学习活动的第一步是获取新知识。新知识有时候会延伸和深化先前已掌握的知识，但也可能与之相冲突。在掌握新知识后，需要对其进行加工处理，这意味着学生可以跳出固有信息的限制，利用不同的途径将其转化为其他形式，以适应新的需求，并获取更深层次的认识。评价是一种在知识转化中起验证作用的工具，能够帮助学生验证其知识处理方式是否适用于新任务，并且还能检验运用方式是否正确。因此，评价通常涉及对知识的合理性进行判断。

总的来说，布鲁纳认为无论学习哪一学科，其教学的最终目标就是要为学生构建健康的认识结构。因此，在开始教学之前，教师应该对每位学生的认知结构都有所了解，甚至能够将这些认知结构中的各个部分的关系画出来。在这之后，教师就可以采取有效的措施，帮助并引导学生获取、转化、评价知识，进而使得学科知识能够融入学生的认知结构中，最终将书本中的知识转化为学生能够实际运用的知识的目标。

2. 发现学习法

在学生掌握学科基本结构的方法中，发现法是最有效的方法。布鲁纳所讲的发现不仅有用自己头脑获取知识的一切形式，还有探寻人类还未发现、了解的事物的行为。发现学习就是学生在学习过程中，通过自己主动探寻、发现，从而找出问题答案的一种学习方式。关于发现学习的优点，布鲁纳认为主要有以下四点：（1）发现学习是学生主动学习的过程，这种主动思维式的学习活动，有利于提升并发展学生的智力。（2）发现学习是学生自己去发现和组织的知识，采用这种方式学习到的知识有助于长期记忆。（3）学生在主动发现过程中获得成就感的满足，不需要依赖外在奖励或惩罚来维持动机和兴趣。（4）一旦学生培养了主动、自发学习的习惯，他们将更有可能在日后独立探索和深入研究知识。布鲁纳还指出，如果老师在没有给学生自己探索和尝试的机会前，就直接告诉他们答案的话，学生可能只会产生表面理解，或者因为没有深入了解而很快忘记。因此，教师的任务是引导学生建立自主学习的环境，而不仅仅是传授知识。在发现学习中，教师的主要责任是帮助学生树立发现的意识，要帮助学生树立发现的自信心；同时还要激发学生的探究欲和求知欲；帮助学生将新问题与他们已经学过的知识联系起来；培养学生运用所掌握知识解决问题的技能；帮助学生进行自我评价；鼓励学生展开对比。

发现学习可以激发学生对未知事物的好奇心和探索兴趣，同时能够唤起学生的内在动力和学习热情，并促进学生创造性思维的成长。然而，人们也认识到，发现学习的应用是有限的，需要耗费大量时间，这就导致学习的进度得不到保障。同时在开展发现学习之前，学生必须具备一定的知识与技能，否则将会无法开展发现学习。比如，在低年级学生缺乏知识和经验的情况下，很难采用这种方法来教学。此外，对于那些思维反应较慢的人来说，自行探索问题的方式可能会带来精神压力。

（二）奥苏伯尔的有意义的接受学习论

奥苏伯尔是美国著名教育心理学家，与布鲁纳是同时代的教育心理学家。奥苏伯尔根据学习进行的方式，将学习分为接受学习和发现学习，同时，又根据学习材料与学习者原有认知结构的关系，将学习分为机械学习和意义学习，并认为学生的学习主要是有意义地接受学习。

1. 意义学习的实质

根据奥苏伯尔的观点，意义学习是指建立新知识和学习者已有认知结构中适当观念之间的联系，这种联系是实质性、非人为的。相反地，如果学生只是根据字面上的联系记住符号的词句或组合，而没有理解这些符号所代表的知识，那么这种学习方式就是一种机械学习。实质性的联系指的是尽管使用不同的词语表达，但它们表达的含义或价值是等同的，这种联系并非表面上的文字联系。所谓非人为的联系，是指基于内在关联而非随意想象或联系而形成的联系，也就是说，新的知识与现有认知结构之间形成的相关概念是建立在某种合理逻辑基础上的。

2. 意义学习的条件

意义学习的发展会受到两方面因素的影响，一是学习者自身因素的影响，也是主观条件；二是学习材料本身的性质，也是客观条件。从主观条件来看，学习必须具备能够实现意义学习的心理条件，主要有三方面的条件。一是学习者必须具备一定的能够同化新知识的旧知识，以便能够吸收新知识；二是学习者需要渴望参与有意义的学习，并展现出将新知识与旧知识联系起来的意愿；三是学习者需要主动地去建立新旧知识的联系，以便理解新知识的含义。学习者必须同时具备以上条件，否则无法实现有意义地学习。从客观条件来看，学习材料需要符合一定的逻辑顺序，同时也需要学习者能够理解并在其能力范围内掌握这些学习材料。一般来说，学生使用的教科书或教材都是具有逻辑意义的。

3. 接受学习的实质

奥苏伯尔认为，接受学习是学习者在教师的指导下进行的接受事物意义的学习。在接受学习过程中，学习者通常都是通过教材或者教师讲授，以定义的方式掌握某些知识与它们的意义，并且所学内容也是现成的、已被证实的、科学的基础知识。要注意的是，在接受学习中，学习者是主动学习，并不是被动学习。学生在教师的引导下，借助自己已有的知识，从多个角度探索新知识，并将其整合到自己的思维框架中，使之成为自己知识的一部分。接受知识时，学习者的心理过程主要有以下表现：首先，在认知结构中，找到能够同化新知识的旧知识。其次，找到新知识与起固定点作用的观念的相同点。最后，通过比较新旧知识，找出不同点，明确两者之间有着明显区别的概念，并在积极的思维活动中全面理解两者的概念，使得知识不断系统化。但是，学生从接受学习转变为意义学习的过程，并不是都是主动地学习，而是需要通过教师的教学技巧促进其学习过程的转变。

从学习的基本理论上看，奥苏伯尔的意义学习和布鲁纳的发现学习有一些共同之处。首先，这两种学习都强调，在学习过程中，新知识的学习需要以已有知识为基础。其次，两者都重视学生学习的主动性。最后，两者都认为认知结构对学习新知识是十分重要的，并且认知结构还具有可变性。然而，在教学的组织模式方面，这两者有着显著的差异。布鲁纳认为，在教学中，教师不应该系统讲解，而是要引导学生自主探索并发现其中存在的道理；而奥苏伯尔则认为，教学的主要模式应该是讲解式教学。实际上，学生在掌握人类文化遗产以及学习先进的科学技术知识时，其学习的主要途径就是接受学习。这是因为在教师的指导下，学生可以迅速学会大量间接知识，并且学到的这些知识是有组织的、全面的和准确的，也更容易记忆。因此，奥苏伯尔所主张的学习方式是合理的。他提倡的"先行组织者"教学策略有着极高的参考价值，在实际教学过程中，教师应该灵活地使用这种技巧，从而促进学生对知识的习得和巩固。

三、人本主义的学习理论

20世纪60年代，美国兴起了一种名为人本主义心理学（humanistic psychology）的心理学思潮。人本主义心理学家认为，人类天生是善良的，只要外部环境有利、适当，个体便会在积极的方向上发展。他们强调重视尊重个人的价值和主观能动性，认为心理学应关注人的价值观、创造性和自我实现。人本主义心理学的一个重要研究理念是，人是一个不可分割的整体，要想深入了解和研究人类，必须从整体角度出发。此外，还有一个理念就是要了解每个个体的需求和愿望是理解和研究人类的重要一环，需要深入了解他们的内在心理状态，如情感、价值观等。

人本主义学习理论的独特之处主要有两点，一是在于它更加侧重于基于经验原则而非验证性研究所得到的原则推论，这种研究方式不同于行为主义和认知心理学；二是人本主义心理学家拓宽研究范围，关注人类与自我实现相关的所有问题，强调教育环境需创造能够满足学生个体发展需求的条件。它不同于行为主义心理学家只关注简单反应的解释，也不同于认知心理学家只注重知识学习的解释。这里将重点探讨人本主义思想的代表人物库姆斯（A.W.Combs）和罗杰斯（C.R.Rogers，1902—1987）关于学习的基本思想。

（一）库姆斯的教育思想

1.知觉、信念与行为

《教师的专业教育》是库姆斯与他人合著的书籍，在这本书中，库姆斯指出，要想了解一个人的行为，首先要明白这个人是如何从自己的角度看待自己所处的世界的。在评估某人的行为时，我们需要意识到同一个事实可能对自己和他人产生不同的影响和含义。尽管客观事实存在，但每个人可能会以不同的方式理解和看待这些事实。知觉是形成信念的基础，信念是指引行为的支柱。不同的知觉会产生不同的信念，不同的信念也会产生不同的行为。因此，若想改变一个人的行为，不能仅仅通过纠正行为表现来实现，而应着手努力改变他们的知觉或信念。这种观点不仅在教育上具有深远的意义，也是人本主义心理学的基本信条之一。教师需要先了解学生对特定情境的觉知方式，才能了解他们在该情境下的行为表现。可能教师会觉得学生的某种行为很奇怪，并认为不应该这样做，但学生却觉得这是正常的，应该这样做。学校的规定往往得不到学生的支持，因为学生对这些规定缺乏共鸣和信任，导致他们难以遵守。例如，破坏学校财物是违反校规的行为，但仍然有学生会选择这样做。这些学生可能意识到无法用出色的表现来取悦老师，因此他们更愿意通过独特的行为来赢得同学的认可。库姆斯指出，学生违规不是因为他们不知道这是错的，而是因为他们知道只有这样做才能满足自己。因此，当教师抱怨学生缺乏动力时，实际指的是学生在阅读方面缺乏主动性。事实上，只要不处于阅读这个环境中，那些没有阅读动机的学生可能此时就会有强烈的阅读动机。这些学生之所以不读书，是因为他们觉得这对他们来说毫无意义，无法引起他们的兴趣。

2. 全人教育思想

库姆斯认为，教育不只是传授知识或技能，更重要的是关注学生的情意需求，激励他们实现全面发展，如知识、情感、意志或动机等方面，培养出具备完善人格的个体。学生的情意需求，指的是他们在情绪、品行、态度、道德以及价值观等方面的需求。这类行为涉及个人在社交生活中遵纪守法、待人接物、处理事务所需的技能。根据库姆斯的观点，人本主义教育需要关注实现以下七个目标，同时这也是人本主义心理学所追求的：（1）根据学生的各种需求（知、情、意），并结合教师的经验，设计学校教育，以充分激发学生的潜力。（2）确保每个学生在教育环境中都能全面展示自己的智力，并且在情感层面上培养自主独立的价值观和技能。（3）为了应对不断变化和多元化的社会，每个学生都应该学习必要的知识、技能以及处理人际关系和职业生活的能力，以满足目前和未来生活的需求。（4）学校应该根据每个学生的不同特点采取相应的教育措施，确保教育效果能够实现个性化的意义。（5）在所有的教育过程中，必须确保知、情和意之间的相互贯通，以实现全面教育的目标。（6）确保在学校中建立一种教育氛围，让整个校园都成为一个充满挑战但同样充满自由、活力、激情、关怀和支持的学习环境。（7）培养学生既懂得在群体中体谅他人，又能够独立解决个人困惑的能力，培养其纯真开朗的气质以及提升认知自我能力。人本主义心理学所追求的目标，即涵盖了全人教育理念的概念。

（二）罗杰斯的自由学习观

1. 教育目标观

罗杰斯指出，"多少年来，我们所受的教育只是强调认知，摒弃与学习活动相联系的任何情感。我们否认了自身最重要的部分"[1]，这种教育是一种知、情严重分离的教育。在人类精神世界中，情感与认知是不可分割的整体。因此，罗杰斯的教育目标是培养"躯体、心智、情感、心力融会一体"的人，也就是在处理事情的时候，既能用情感的方式处理，也能用认知的方式处理，是一个情知合一的人。而罗杰斯就将这种人称为"完人"或者是"功能完善者"。当然，将"完人"或"功能完善者"视为参照模板只是一种理想化的想法。要实现教育理想，需要确立现实可行的教学目标，即促进变化和学习，培养适应变革并具备学习技能的个体。

2. 学生中心的教学观

罗杰斯开创了心理治疗中的人本治疗学派，是当事人中心疗法的主要创始人，同时他也是人本主义心理学的创始人。如果需要运用当事人中心疗法，就需要扮演好治疗者的角色，针对这一问题，罗杰斯提出了几点要求。一是治疗者需要具有同理心；二是需要有真诚；三是需要无条件地积极关注。这三点要求不仅适用于治疗者的角色需要具备的要求，同样也适用于教育。即要把学生看作是教育的中心，因而，罗杰斯的教育主张也被称为学生中心教育。罗杰斯不赞同、不认可传统的教学模式，因为在传统的教学模式中，知识信息的交流通常是单向的，这使得教师学生之间的交流缺乏互动性、参与性与双向反馈，并且在这种教学模式中，主体是教师，而客体是学生。此外，在传统的教学模式中，学校通常实行严格的管理，使得师生之间的关系呈现不平等性，缺乏民主和信任。因此，学生

---

[1] 张大均. 教育心理学[M]. 北京：人民教育出版社，2015.

往往感到怀疑和恐惧。面对时代快速发展的变革，传统教育无法与时代发展相适应。

罗杰斯在其治疗理论中认为，患者本身是具有能够健康成长的潜在条件的，如果能够让患者拥有一个良好的心理环境，那么他就能自愈。同样的，罗杰斯将他的非指导性治疗用于教学过程中，并在教学中提出了非指导性教学的理论与策略。即罗杰斯认为，学生也有着积极学习、探索知识的潜能，关键是要为学生创设一个良好的学习氛围，使学生处于这一氛围中，才能将其自身的潜力激发出来。罗杰斯在《学习的自由》一书中，提出了他所倡导的基于自由的自由学习原则（freedom to learn），要点如下：（1）只有当教材具有意义并且与学生的学习目标相符时，学习才会发生。如果学生所学的教材能够满足学生的好奇心，并且还能使学生增加生活经验、提高自尊感时，学生才会喜欢学习。（2）作为教师，应该赞同每个学生皆具备其独特的学习潜力和天赋。（3）有效的学习通常存在于威胁较少的教育情境下。威胁指的是个人在接受教育过程中面临的心理压力、挑战和困难。在教学过程中，教师要想法减少学校教育中存在的威胁因素，教师应该给予每个学生展示自身优势的机会，这样才能促进学生的学习。（4）学生要对自己的学习结果进行自评，这样才能培养学生独立思考的习惯和激发创造力。（5）只有全力以赴、积极主动地学习，才能取得显著的成就。教师在组织学生学习时，需设定学习活动的范围和提供多样化的学习资源，让学生自主设立学习目标，探索答案，这样可以激发学生思维，增强学生学习能力，培养学生对学习的热情，实现知识、情感和价值并重的教育目标。（6）注重培养学生的生活技能，使学生适应不断变化的社会。

罗杰斯十分重视教学过程中的师生关系，这种重视程度就像在心理治疗中，十分重视医患关系的程度一样。罗杰斯认为，促进学习的关键要素在于教师和学生的关系，而不是受教学设备资源、教师的教学技能、课程设置等因素的影响。基于此，教学的重点应该是师生关系或教师的态度上。罗杰斯认为教师必须具备以下四种态度品质，才能促进学生人格的发展：（1）教师对待学生的态度应该是真诚的。（2）教师要深入了解学生的内心世界，知道学生的心理状态，要为学生着想。（3）教师要相信学生能将自身的潜力充分发挥出来。（4）尊重学生的个人经历，认真对待他们的情感和看法。

四、建构主义的学习理论

（一）建构主义学习理论概述

建构主义的思想来源十分复杂，其流派也是各种各样的。建构主义的发展可以看作是，在学习理论中行为主义发展到认知主义之后的进一步发展。建构主义学习观不同于行为主义学习观和认知学习观，它们之间的不同主要体现在：（1）认知学习观将学习看作学习者的个体活动，它主要关注的是个体内部，即信息加工过程。（2）行为主义学习观也将学习视为学习者个体的活动，但其关注的是个体的外部，即行为反应。（3）建构主义学习观认为学习是个体原有经验与社会环境互动的加工过程。在教育心理学领域中，建构是指学生不断地在新旧知识和经验之间进行交互，从而形成和调整他们的认知结构的过程。

建构主义认为，虽然世界是客观存在的，但每个人对世界的理解是各不相同的，这是由个人主观想法决定的。在构建现实或者对现实进行解释的时候，每个人都是根据自己的个人经验来进行的，而每个人的个人经验又是由大脑构建的。因此，每个人的经验和对经验的信念是不相同的，对外部世界的认知也是不同的。在学习上，建构主义者重视学习的主动性、情境性和社会性，并且还十分重视学生建构知识的方法，即如何以原有经验、心理结构和信念建构知识。除此之外，建构主义者还对学习和教学提出了新的见解。建构主义的理论观点可以细分为六种：激进建构主义、社会文化认知观、信息加工建构主义、社会建构主义、社会建构论和控制系统观。

建构主义自古以来就存在着，古时的建构主义思想和实践是零散的、不系统的；而当代的建构主义则是一种认知方式或教育实践模式。关于建构主义者，新西兰学者诺拉（Nola）认为苏格拉底（Socrates，前469—前399）和柏拉图（Plato，前427—前347）是最早的建构主义者。其中杜威的"做中学"对建构主义有着较大的影响，而苏格拉底的"产婆术"是建构主义教学最成功的范例。从现代建构主义视角来看，其先导者应该是皮亚杰。皮亚杰认为知识是在主客体的相互作用中建构起来的，并不是单纯来自主体或客体。这是因为，一是新经验要想具有意义，就需要在原有经验的基础上融入原有的经验结构，这就是同化的过程；二是新经验会影响并丰富、调整甚至改变原有的经验，从而使其进化和更新，这就是顺应。以上这两点就是双向的建构过程。此外,布鲁纳的一些理论也对当今的建构主义有着重要的影响,如发现学习、认知心理学中的图式理论等。20世纪70年代末,以布鲁纳为领导的美国教育心理学家引入了苏联心理学家维果茨基的思想,该思想的引入极大地推动了建构主义思想的发展。维果茨基不仅十分强调社会文化历史在心理发展上的作用,同时他还十分重视在人的高级心理机能发展中,活动与社会交往在其中的作用。他认为高级的心理机能可以通过外部行为的内化而获得,这种内化不仅限于教学,还可以通过日常生活、游戏和劳动等途径来实现。此外,个体的智力过程也会通过外化变为实际动作,使得主观想法可以在客观世界中体现出来。维果茨基区分了个体发展的现实发展水平和潜在发展水平。现实的发展水平指的是个体在没有外部帮助的情况下可以达到的水平,而潜在的发展水平则是指在有成年人或更有经验的人提供帮助的情况下能够达到的水平,这两者之间的范围即所谓的最近发展区。教学的过程是持续地将学生的潜力转化为实际能力,并开拓新的学习领域的过程。

(二)建构主义学习理论的主要观点

1. 建构主义的新知识观

传统的知识观认为知识是客观的、固定的和不容置疑的,并且传统的知识观是在客观主义的基础上建立的。建构主义强调,知识并非是对现实世界的绝对准确描绘,也不应被看作适用于所有情境的不可动摇的原则。相反,知识仅是对各种现象的相对稳定解释或假设,在不断演变的过程中,会随着人类不断进步而得到不断完善和更新,从而产生新的理论假设。此外,并非所有知识都能完全概括世界的规律,因此在实际问题中,知识并非即取即用,而需要在具体情境下进行调整和重新运用。建构主义理论认为,知识无法独立存在于个体之外,即使人们使用语言符号将知识外化,并且这些概念可能被人们广泛接受,但学习者未必会以相同的方式理解这些概念。每个人的理解都是基于个体的经验背景构建起来的,受特定环境和学习过程的影响。

虽然建构主义的这种知识观比较激进,但仍要高度重视它,因为建构主义的这种知识观对传统的教学和课程理论提出了重要的挑战。根据这一观点,教材所包含的知识内容只是一种较为可信的理论,并不是对实际情况的解释。并且科学知识也不是绝对准确的,它只是对现实的一种更有可能正确的解释。人们不应将知识视为已经设定好的内容，要避免以对知识正确性的强调作为个体接受知识的理由，不应该通过科学家、教师或课本的权威来强迫学生接受知识。学生必须通过自己的构建过程来接受知识，根据个人的经验和信念来评估知识的合理性。学生的学习需要不仅仅是理解新知识，还需要对其进行分析、验证和批判。此外，对知识的应用并非简单地将知识套用在各种情况下，因为每一种情境都具有独特性。因此，学习不应该止步于机械记忆知识，而是要持续加深理解，抓住知识在实际情境中的差异变化，使学习走向"思维中的具体"。

2. 建构主义的新学生观

建构主义者认为学生在进入学校之前，就已经有了丰富的经验，这些经验小到生活中的衣食住行的经验，大到宇宙、星体运行的经验。从自然现象到社会生活中，学生已经有了自己独特的见解。在学生构建自己知识的过程中，往往起决定作用的是现有的知识经验和信念。即使他们尚未遇到某些问题或没有相关经验，但当问题出现时，他们通常能够依靠自身认知能力和理性思维，基于相关经验对问题形成的一定解释。学生作出的这种解释并不是凭空捏造的，也不是胡乱猜想的，他们是以已有的经验为基础作出的解释，这种解释是合乎逻辑的假设。因此，教学应当重视学生的经验，充分利用他们已有的知识和经验作为学习新知识的基础，引导他们通过扩展既有知识和经验来获取新的学习体验。教学不仅仅是向学生灌输知识，而是帮助他们理解和应用所学的知识。教师应该重视学生对各种现象的独立领悟，深入了解他们的思考方式，然后引导他们扩展或调整自己的见解。但需要注意的是，这种引导，并不是简单地告诉学生应该怎么做，而是要与学生共同探索和讨论特定问题，并在这个过程中相互交流，对彼此的想法提出质疑，作出必要的调整。学生因为有不同的经历致使他们对问题的理解各不相同，这些理解的差异也恰恰是有价值的学习财富。教师应该教导学生理解并尊重与自己不同的观点，认识到这些观点带来的独特价值和优点，促进学生之间的合作，进而推动学生的学习。

3. 建构主义的新学习观

（1）学习的主动建构性

建构主义认为，学习是学生根据个人经验背景，自己建立知识的过程，而不是老师简单地向学生传授知识。因此，学生是积极参与信息构建的主体，而非被动的刺激接受者，他们需要主动选择和处理外部信息，与行为主义所描述的S—R过程有所不同。在学习过程中，高水平思维是至关重要的认知活动。学习者需要具备深入分析、全面评估和灵活运用所学知识的能力，来解决那些棘手且具有挑战性的问题。解决问题的方式往往是各式各样的，对这些方式进行评价的标准也常常不尽相同。总体而言，学习者应该整合他们已有的知识和经验，来解释和解决新信息、新事物、新现象以及新问题。

（2）学习的社会互动性

建构主义理论强调，学习是在参与特定社会文化环境中，内化相关知识和技能，掌握相关工具的过程，通常需要通过与学习共同体的合作互动来实现。学习共同体是一个由学生和教师、专家、辅导员等共同构成的群体，在这个群体中，他们定期互相交流，分享不同的学习资源，一同合作完成具体的学习项目。因此，他们建立了亲密的人际关系，并形成了一定的规范和文化。例如在大学里，研究生导师和他的课题组可以被视为一个学习共同体。

（3）学习的情境性

建构主义者认为，学习、知识和智慧都是受情境影响的，他们认为知识无法脱离活动情境而存在，因此学习应该与情境化的社会实践活动相结合。知识只有在实际活动中才能被人们所理解，因为它是存在于具体的、情境性的、可感知的活动之中。个体的学习应当与社会实践活动结合，通过参与某种社会实践活动，逐渐掌握相关社会规范、工作方式和活动程序等，从而积累相关知识。

4. 建构主义的新教学观

建构主义不支持传统的教学观，并且还对教学作出了新的解释。此外，建构主义还提出了改革教学的思想，在这些教学思想中，最重要的一点就是让学生在解决问题的过程中学习。建构主义者认为，在开始课程与教学之前，应该先向学生提出问题，让学生带着好奇心学习，从而激发学生的理解活动。这是因为在解决问题的过程中，学生会对问题产生好奇，也会对知识有着强烈的探索精神，带着问题寻找答案，不仅能使学生理解知识，还能消除学生认知上的冲突。在教学过程中，教师主要的任务是建立一个能让学生在其中共同提出、解决问题的团体。教师在这个团体中的主要职责就是设置学生要探索的问题。需要注意的是，问题的设计并不是简单地抛出一个问题，而是需要与学生现有的知识经验相关联，同时也能反映某学科的关键内容，这样才算设计出一个有效的问题，才能使学生清楚新知识与旧知识之间的联系。问题解决活动不仅能增强学生的探索热情和好奇心，还可以极大地提高他们的思维活跃度。引导学生在一个连贯的任务体系内理解各种不同的概念和原理，有助于他们对知识的框架有更为深刻的认识，同时培养出具备广泛应用前景的解决方案，并进一步促进学生以积极的心态学习。

传统教学中的教学方法提倡的是去情境化，但建构主义并不认可这一做法，其提倡的是情境性学习。情境性学习的目的就是解决生活中的实际问题，并且是在情境性认知理论的基础上进行的，基于此，教学应该在与现实生活类似的情境中进行。需要注意的是，情境性学习需要教师为学生提供解决问题的原型，从而引导学生展开探索，并不是简单地将知识传授给学生。情境性教学的测验是一种融合式测验，也就是在解决具体问题的过程中可以评估学习成效。通过创设具体情境来教学，能够激发学生学习的热情和求知欲，并且有助于培养学生解决难题的能力。

在教学这一过程中，许多建构主义者十分重视师生之间、生生之间的社会性相互作用。在建构主义的教学中，合作学习和交互教学是采用最广泛的教学方式，因为这两种教学方式能够使学生了解与自己有着不同理解的人，进而能进一步丰富和完善学生自身的理解。儿童在认知方面的进步主要是得益于他们有机会通过倾听和表达来重塑自己的思维模式，而不是受到其他儿童观念的启发。因此，建构主义者非常强调相互作用对学生学习的作用，主张在教学过程中促进教师与学生、学生与学生之间充分而多样化的互动和讨论。这个看法与维果茨基对社会交往的重要性以及最近发展区域的思想是一致的。

第二章 高校学生管理的概况

高校学生管理作为高校管理的一部分，是学校人才培养工作的重要保障，是教学形式的有效补充，因此，研究高校学生管理工作具有十分重要的意义。本章为高校学生管理的概况，一共分为四个部分：高校学生管理的基本认知、高校学生管理的现状、高校学生管理模式、高校学生管理的队伍建设。

第一节 高校学生管理的基本认知

一、高校学生管理的相关概念

（一）管理的概念

在人类历史上很早就已经出现了"管理"这一概念。管理是一种普遍存在于社会中的现象，当有许多人聚集在一起共同劳动、学习或生活时，管理便成为必不可少的环节。管理作为社会组织为实现既定目标而以人为核心展开的协调活动，扮演着至关重要的角色。这就使得管理活动成为人类活动的一个重要方面，并且普遍存在于由人组成的各种机构中。可是真正现代意义上的"管理"概念则是由法国现代管理理论创始人亨利·法约尔于1916年提出的，他认为"管理是以计划、组织、指挥、协调及控制等职能为要素组成的活动过程"[1]，这个概念阐明了管理的本质，奠定了管理学科学定义的基础。现在各种关于"管理"概念的阐述异常丰富，不同的学者对管理的概念有着不同的理解。系统管理学派的代表人物弗里蒙特·卡斯特认为，管理是"组织中协调各分系统的活动，并使之与环境相适应"[2]。

---

[1] 杨道，林怡冰. 高校学生管理工作的行与思 [M]. 天津：天津科学技术出版社，2022.
[2] 屈善孝，梅子健. 高校学生管理法治化研究 [M]. 北京：经济日报出版社，2010.

在这些概念中，学者力图从各个角度来揭示"管理"的本质内涵，相比而言，本书赞同周三多先生在《管理学原理与方法》中对管理的阐述："管理是社会组织中，为了实现预期的目标，以人为中心的协调活动。"[①] 从这个阐述中可以看到关于"管理"作为一种社会活动与其他社会活动之间的本质区别，从而可以使人们能比较深刻地了解"管理"的科学含义。

（二）高校管理

高校管理是通过人来处理各种事务，涉及不同人和不同事情的特点。大学里的"人"有教学丰富、修养深厚的教师队伍和不断进步的学生群体，而大学里的"事"就是为了教育和培养学生，致力于让受教育者全面发展，成为具备优秀品德和才能的现代社会建设者。从这个意义上说，高校管理就是用好教职工以完成教书育人的一种活动。

学者给"高校管理"一词的界定尽管表述不完全一样，但基本含义是一致的，其实质是相同的。学校管理是指校领导利用机构和制度，运用特定方式和手段，指导师生员工，充分发挥学校内外资源和条件，有效实现学校工作目标的过程。

（三）高校学生管理

我国高校的学生管理工作是指对学生的非学术活动和课外活动进行综合管理和支持，包括思想政治教育、纪律法规和行为规范教育、日常管理、学生社团、各类课外活动、文体活动、经济资助、帮助困难学生、心理健康支持、医疗服务、就业指导以及学术支持等方面，构成了学校对学生的全面关爱和支持体系。学生管理工作在我国高等教育中同样重要，它与教学、科研一样，都是不可或缺的组成部分。随着高校学生事务的发展及分化，学生管理的概念为众多学者及实务工作者所关注。目前，国内外对学生管理还未形成相对统一的标准概念，呈现出百家争鸣、众说纷纭的态势。部分学者指出，学生管理工作在高校教育体系中扮演着至关重要的角色。其定义为通过非学术型事务和课外活动对学生进行教育影响，旨在促进学生成长成才的组织活动。这一工作内容十分广泛，包括学生日常生活管理、伦理道德与法治教育、行为规范管理、学习辅导、职业（就业）指导、心

---

① 张家莉. 法治理念下的高校学生教育管理创新 [M]. 北京：九州出版社，2018.

理辅导、心理障碍干预、社团及文化建设管理、财政援助管理以及特殊学生的管理等。教育理念贯穿其中，以人为本、以学生为本的理念贯穿始终，旨在促进学生全面发展。学生管理工作的目标在于结合学生主体作用与高校教育、管理、服务职能，实现管理育人、服务育人。为了实现这一目标，需要采取灵活的工作方式和多样化、现代化的手段，配置合理资源，提供必须的学生事务的组织活动。在实施过程中，必须依据国家法律、政策和人才培养目标，以学生管理价值观为指导，确保工作规范有序。最终的目的在于通过指导、规范和服务学生的成长过程，促进学生全面、均衡、可持续发展。

高校学生管理工作是高校对学生事务的计划、组织和领导，旨在为人才培养提供全方位支持。这项工作涵盖生活辅导、课外活动、身体保健、就业指导、心理咨询、勤工助学、校园秩序、奖励与处分等诸多方面。通过教育、服务、管理的有机整合，高校致力于帮助学生全面发展。教学、科研、服务的有效整合是当前高校学生管理工作的重要方向。教学与学生管理相辅相成，促进学生成长；科研与学生管理相互促进，提升学校整体实力；服务与学生管理密切相关，为学生提供更好的成长环境。高校学生管理的内涵体现了教育、服务、管理三个方面的综合，旨在培养德智体美劳全面发展的优秀人才，为社会贡献更多优秀人才。

1. 教育

学生管理的主要任务是以教育为中心，它是高等教育体系中的一项重要工作，旨在促进学生身心的全面发展。所有学生管理措施都应该具备教育价值，其中包括积极进行思想政治教育，引导学生形成正确的世界观、人生观和价值观。另外，学生管理也需要重视培养学生良好的心理素质，引导他们进行职业生涯规划和提升就业能力，以塑造他们优秀的人格品质和独特个性。

2. 服务

学生管理工作涉及各个方面，如学籍注册、资助活动、住宿管理、社区服务、职业规划、心理咨询、娱乐休闲和社团活动等，这些不仅仅是管理任务，也反映了其具有服务性质。学生管理工作的目标是为学生提供必要的服务条件，促进他们的成长、成功和发展。

3. 管理

学生管理工作可被视为一种独特的管理，因为它需要确立清晰明确的目标，具备专业技能和经验,并以科学的方法有效地整合各种资源。学生管理工作关注的是学生的发展和进步,主要包括管理学生的行为规范、维护校园秩序、提供良好的学习环境、评估学习成果并进行奖惩、领导学生班级和社团组织、组织协调学生活动等方面。

二、高校学生管理的特点和原则

(一)高校学生管理的特点

1. 专业性

当前,大学学生管理已经成为备受关注的研究领域,具有独特的模式和科学体系,相对于其他社会领域,更强调科学性和规范化。高校学生管理通过整合管理、服务和教育功能,展现教学、管理和学生之间的互动关系,采用专业的管理手段来维持校园秩序。因此,显然可以得出高校学生管理工作需要具备专业技能的结论。高校学生管理的专业性需要在实践中展现,才能适应时代潮流、了解学生需求、有效管理流程。需要采用创新的方法和独特的视角来管理学生,及时解决问题并进行持续跟踪。当然,如果高校希望以学生管理作为主要教育管理手段,只注重思想方面是不够的。需要摒弃陈旧观念,更新自己的思维模式,同时要充分考虑学生群体和环境条件。推动高校学生管理工作引入更多科学管理工具和技术,以促进其向专业化方向迈进,成为推动教育传播的主要动力。

2. 关联性

大学生管理工作与高等教育息息相关,对于大学教育的成功至关重要,在教育过程中扮演着关键角色。所有高等教育机构都需要与其他机构合作,才能实现教育和教学的目标。同样地,高校还需要进行除了管理以外的各种其他任务。因此,高校应该确保将学生管理与教学和教育有机结合,以确保学生接受管理并得到高水平的教学和辅导。

3. 政策性

国家针对高校学生管理工作颁发了一系列的基本方针和政策,例如学生管理、学籍管理、学生行为规范、毕业分配工作管理等。国家制订的这些方针、政策是搞好学生管理的行动准则,必须认真学习贯彻,维护方针、政策的严肃性。

（二）高校学生管理的原则

1. 全面发展原则

高校学生管理工作要全面贯彻党的教育方针，以提高学生素质为根本宗旨，造就有理想、有道德、有文化、有纪律的德、智、体、美等全面发展的社会主义事业的建设者和接班人。高校对于学生的管理，不能违背这一要求和规律。学生管理工作的目标是要全面提高学生的素质。实践证明，以考试为手段，以分数为标准，把少数人从多数人中选拔出来的应试教育忽视了对学生的理想信念的教育、良好人格的培养，引导学生片面地追求升学，其危害已日益引起人们的关注，以应试为唯一目的的学生管理模式必须被改进。

2. 方向性原则

管理是一种有目的的活动，管理工作必然具有方向性。以坚持社会主义方向为准绳，这是我国高校学生管理工作的一个本质特点。我国是社会主义国家，自然要使高等学校成为具有社会主义性质的育人场所。社会的性质制约着学校的性质，进而决定学校一切管理工作的性质，因此，在高校学生管理工作中，必须自觉坚持党的领导和社会主义方向，培养大量符合社会主义现代化建设需要的优秀人才，这是高校学生管理的基本和重要原则。

3. 集体性原则

强调高校学生管理工作的集体性，并不是要取消或者压制学生的个性。个性的形成和培养不是孤立的，而是在集体的环境中进行的，二者是辩证统一的关系。学生管理工作是在学生集体——主要是班集体中进行的，班级既是学生管理工作的主要场所，也是德、智、体、美教育的主要组织形式。学生集体既是对学生管理的组织手段，又是对学生进行教育的强大力量。因此，加强班级的建设，是符合学生管理的集体性原则的。

4. 平等与尊重原则

尽管学生管理工作者与学生是管理和被管理的关系，但学生管理工作者应以平等的态度对待每一个学生。这里的平等有两方面的含义：一方面，双方在人格上是平等的，不存在高低贵贱之分；另一方面，学生管理工作者应一视同仁地以平等态度对待每一位学生。平等指的是尊重和信任学生，维护每一个学生都具有的自尊心和自信心。实践证明，差生之所以成为差生，往往是由于失去了自尊和自信；成功的教育之所以成功，也往往是从得到自尊和自信开始。

5. 理论与实践结合原则

理论与实践相结合，坚持实践是检验真理的标准，这是马克思主义的基本原理，也是高校学生管理工作的基本原则。准确领会和掌握马克思主义的相关科学及各种管理原理，从而把握它们的精神实质，这是搞好学生管理工作的前提。但是，管理原理的应用价值和范围，是受不同学校、不同管理对象和管理者水平等因素制约的。党和国家在社会主义现代化建设阶段，根据不同发展时期的需求，制订了一系列教育方针和政策。在初期阶段，提出了普及教育、提高国民素质的方针，要求高校培养德智体美全面发展的社会主义建设者和接班人。随着社会主义建设不断深入，教育方针逐渐转向质量立项，注重培养高素质人才，提出了素质教育、终身教育等政策。在高校学生管理方面，要求实施个性化、综合素质评价，推行多元化发展，注重学生自主学习和创新能力培养。但是科学的学生管理工作必须从本地区、本校、本专业、本年级学生的具体情况出发，从学生的素质、兴趣、爱好，以及青年的生理、心理特点等出发，制订出相应的方法和措施。

三、高校学生管理工作的价值

（一）高校学生管理工作的社会价值

1. 高校学生管理工作是培养合格人才的重要手段

中国特色社会主义事业的发展需要数以亿计的高素质的劳动者、数以千万计的专门人才和一大批拔尖创新人才。高校是人才培养的重要基地，其中心任务就是要为中国特色社会主义建设培养合格的专门人才。而学生管理则是高校人才培养工作的重要手段，在培养合格人才中发挥着不可或缺的重要作用。

（1）维护正常的教育教学秩序

高校的教育教学活动是按照一定的规章制度有目的、有计划、有组织地进行的，建立和维护正常的教育教学秩序是高校教育教学工作的内在要求和基本条件。这就需要有严格的、科学的管理，包括学生管理。学生管理工作在维持高校教育教学秩序中具有特殊的重要作用。在高校学生管理工作中，实行严格的学籍管理，按照一定的制度和规定，有序做好有关学生入学与注册、课程和各种教育环节的考核与成绩记载、转专业与转学、休学与复学、退学、毕业与结业等各项工作，是建立正常教育教学秩序的基础。实施系统的学习管理，引导学生明确学习目的，提高学习的主动性和自觉性，规范学生的学习行为，督促学生自觉遵守学习纪律和考试纪律，形成良好的学风，是建立正常教育教学秩序的关键。加强对学生班级、学生社团等学生群体的管理，引导学生紧紧围绕高校的教育教学目标，有序地开展班级活动、社团活动和其他课余活动，是建立正常的教育教学秩序的重要条件。

总之，高校学生管理工作是建立和维护正常的教育教学秩序的重要保证。没有有效的学生管理，维持正常的教育教学秩序谈何容易。

（2）培养学生的思想品德

中国特色社会主义建设是一项长期而复杂的事业，需要大量合格的人才来支撑和推动。这些合格人才需要具备良好的思想品德，即在一定的思想体系指导下，按照社会规范行动时所表现出的相对稳定的特征。它是以心理因素为基础的思想与行为的统一体。培养学生良好的思想品德，不仅需要深入细致的思想政治教育，还需要有效地管理。这是因为人们良好思想品德和行为习惯的形成，是一个由他律到自律的过程。学生各方面还未成熟，发展尚未稳定，加之各个学生的思想基础不同，接受教育的主动性、积极性和自觉性各不相同，因此，学生自我管理、自我约束的能力存在差异。要帮助学生提高自理、自律的水平，使他们能够自觉地遵循社会的思想规范、政治规范、道德规范和法纪规范，并形成良好的行为习惯，就必须在加强思想政治教育的同时，加强对学生各方面的管理，注重学生日常行为规范的训练。通过学生管理，科学制订并严格执行各项规章制度，强化行为管理和纪律约束，使学生的学习、交往等各方面的行为都能够按照一定的规范有序地进行，不仅有助于培养学生良好的行为习惯，也可以为思想政治教育创造良好的环境条件，从而增强思想政治教育的效果。

（3）激励、指导和保障学生的学习行为

高校教育教学的过程是教师与学生双向互动、"教"与"学"辩证统一的过程。其中，"教"是主导，"学"是关键。学习是学生的主要任务，是学生能否成为合格人才的关键。而学生管理工作则对学生的学习行为起着重要的激励、指导和保障作用。

①高校学生管理工作对学生学习行为的激励作用主要表现在：引导学生充分认识大学学习的社会意义和个体价值，明确学习目的，以激发学生的学习动机；运用颁发奖学金和授予荣誉称号等方式，表彰学业优秀的学生，以鼓励学生勤奋学习；把竞争机制引入学生的学习活动之中，围绕学生的专业学习，组织各种竞赛活动，以激发学生的学习热情。

②高校学生管理工作对学生学习行为的指导作用主要表现在：指导新生了解大学阶段学习的特点和要求，促使他们尽快实现学习方式从被动性学习到自主性学习的转变；指导学生根据社会需求和自身实际制订职业生涯规划，确定自己的职业生涯发展方向，从而明确学习的目标；指导学生掌握科学的学习方法，养成良好的学习习惯，不断提高自主学习的能力和学习效率；指导学生积极开展社会实践活动，注重在实践中加深对专业理论知识的理解，在实践中提高自己的专业技能。

③高校学生管理工作对学生学习行为的保障作用主要表现在：加强资助管理，切实做好助学贷款和助学金的发放工作，组织和指导学生的勤工助学活动，为家庭经济困难学生安心学习、顺利完成学业提供必要的经济条件；开展学生学习心理的辅导，帮助学生克服学业焦虑等各种消极心理，以积极健康的心态对待学习等。

2. 高校学生管理工作是构建和谐社会的内在要求

（1）高校学生管理是促进学生集体和谐发展的重要手段

包括学生党团组织、班级、学生会、社团等在内的学生集体是学生政治、学习和日常生活的基本组织形式，直接影响着学生的思想和行为，是学生思想政治教育和管理的重要载体。学生集体的和谐发展，不仅直接关系着学生个体的健康成长和全面发展，也直接关系着高校的和谐稳定和科学发展。学生管理包含着对学生集体的管理，因此其在促进学生集体和谐发展中具有十分重要的作用。通过学生管理，引导学生集体自觉遵循学校的有关制度和规定，紧紧围绕学校的人才培养目标和学生成长成才的需要，积极开展丰富多彩的集体活动，充分发挥自身在学生自我教育、自我管理中的作用，可以促进学生集体的发展与学校发展的和谐与统一。通过学生管理，切实加强学生集体的思想建设、组织建设、制度建设和作风建设，引导学生增强集体意识，主动关心集体发展，积极参与集体活动，弘扬团结互助精神，不断增进同学友谊，注重相互沟通与交流，及时化解各类矛盾，可以促进各个学生以及集体的和谐发展。通过学生管理，引导学生党团组织、班级、学生会、社团等各类学生集体正确处理相互之间的关系，加强相互沟通和协调，做到相互配合、相互支持，形成学生自我教育、自我管理的合力，可以促进各类学生集体的相互和谐与共同发展。

（2）高校学生管理工作是构建和谐校园的重要手段

高校是现代社会中不可或缺的重要社会组织，担负着培养人才、推进科技进步、传播先进文化的重要任务。构建和谐校园，是构建社会主义和谐社会主题的应有之义，也是推进高校科学发展的内在要求。加强学生管理，引导和组织学生积极发挥在和谐校园建设中的主体作用，是构建和谐校园的重要保证。加强学生管理，建立和完善学生参与民主管理的组织形式，引导、支持和组织学生依法参与学校的民主管理和实行自主管理，切实维护和保障学生在校期间享有的权利，引导和督促学生全面履行法律规定的义务，自觉遵守国家法律和学校管理制度，能够有力地推进高等学校的民主法制建设。加强学生管理，妥善地协调学生与学校、学生与教师之间的关系，维护学生的正当利益，实事求是地评价学生的思想品德和学业成绩，公正地实施奖励和处分，正确地处理学生中的各种矛盾和问题，可以使公平正义在校园中得到弘扬。加强学生管理，督促学生在学习考试、科学研究、人际交往和日常生活中坚持诚实守信，做到不作弊、不剽窃，引导学生尊敬师长，友爱同学，团结互助，才能在校园中形成诚信友爱的良好风尚。通过学生管理，充分调动学生的积极性和创造性，围绕专业学习，开展丰富多彩的社团活动和社会实践活动，鼓励、组织和支持学生开展科学研究、进行创造发明、尝试创业活动，才能使校园真正充满活力。通过学生管理，建立和维护学校正常的教育教学秩序和生活秩序，加强学生的安全教育和管理，保障学生的身心健康，有效地预防和妥善地处理学生中的突发事件，努力建设平安校园，才能使校园实现安定有序。通过学生管理，引导和督促学生自觉维护校园环境，节约使用水电等各种资源，才能使校园成为人与自然和谐共处的生态校园。

（3）高校学生管理工作是维护社会稳定、实现社会安定有序的重要保证

我们所要建设的社会主义和谐社会应该是民主法治、公平正义、诚实友爱、充满活力、安定有序、人与自然和谐共生的社会。安定有序是社会主义和谐社会

的内在要求和重要特征，也是实现社会和谐的基本条件。社会稳定则是安定有序的基本内容和重要表现，也是改革、发展的前提，而高校稳定是社会稳定的重要条件，高校稳定的关键则又在学生。这是因为，学生的思想尚未成熟，思想和行为上存在着矛盾性。他们关心国家发展，关注时事政治，追求民主自由，并具有较强的政治参与意识，但尚缺乏政治经验和社会生活经验，政治辨别能力不强，因此容易受到社会上错误思潮和不良倾向的影响。同时，学生正处于青年期，情感具有强烈性。这既使学生热情奔放、勇往直前，也使学生易于冲动。成千上万的学生集中在高等学校的校园内，如果缺乏正确的引导和有效管理，一些不良的倾向和问题，很容易在学生中扩散开来，并造成不良的社会影响。因此，切实加强学生管理，正确引导学生的社会活动和政治行为，妥善解决学生在学习、生活、交往和就业中碰到的各种矛盾和问题，及时处理学生中发生的各种突发事件，以保持高等学校的稳定，对于维护社会稳定，实现社会安定有序具有特殊的重要意义。

（二）高校学生管理工作的个体价值

高校学生管理工作的个体价值主要表现在激发动力、开发潜能、完善人格等几个方面。

1. 激发动力

高校的系统教育为学生的成长和发展提供了良好的条件，而学生能否健康成长和全面发展，关键在于学生自身的主观努力即主观能动性的发挥。因此，要促进学生的成长和发展，就必须注重激发学生的内在动力，充分调动他们的主动性和积极性。高校学生管理工作具有显著的激励功能，在激发学生内在动力方面具有突出的作用。高校学生管理工作对学生的激励作用，主要是通过以下三种路径实现的。

（1）目标激励

人的行为总是指向一定目标的，目标是人们期望达到的成果和成就，能够激发人的内在积极性，鼓励人们奋发努力。人们对目标达成后满足自身需要的价值看得愈大，目标能够实现的可能性愈大，目标的激发力量也就愈大。高校学生管理工作遵循社会发展要求与学生自身发展需要相统一的原则，科学地制订管理的目标，着力引导学生根据社会需要和自己的兴趣爱好、主观条件合理地确定自己的学习目标和发展目标，从而对学生发挥着重要的激励作用。

（2）需要激励

需要是人的行为动力的源泉，是行为动机产生和形成的基础。人的积极性的发挥及其发挥的程度，归根结底取决于其需要能否得到满足以及满足的程度。高校学生管理工作坚持以人为本的管理理念和服务学生的管理原则，关心学生的实际需要，维护学生的正当利益，扎扎实实地为学生的成长和发展提供各方面的指导和全方位的服务，因此，也就必然会对学生发挥重要的激励作用。

（3）奖惩激励

奖励和惩罚是高校学生管理工作的重要方法，其目的就是要通过运用正、负强化手段，控制学生行为结果的反馈调节作用，以维持和增强学生努力学习和践行学生行为准则的主动性和积极性。奖励是通过奖赏、赞扬、信任等褒奖形式来满足学生的需要，使其感到满足和喜悦，从而更加奋发努力的正强化手段；惩罚是通过造成被惩罚者某种需要的不满足而使其感到痛苦和警醒，从而变消极行为为积极行为。高校学生管理工作通过恰当地运用奖励和惩罚，鼓励先进，鞭策后进，从而激励全体学生奋发努力。

2. 开发潜能

人的潜能是指人所具有的有待开发、发掘的处于潜伏状态的能力。它包括人的生理潜能、智力潜能和心理潜能。人的潜能是人的现实活动力量的潜伏状态和内在源泉。人的能力的发展，在一定的意义上，也就是开发潜能，使潜能转化为现实活动力量即显能的过程。大学生正处于成长和发展的关键时期，着力开发他们身上所蕴藏的丰富潜能，将他们内在的潜能转化为从事社会建设的实际能力和现实力量，是大学生培养工作的重要任务。高校学生管理工作作为学生培养工作的重要组成部分，在开发学生内在潜能方面发挥着不可或缺的作用。大学生管理在开发大学生潜能方面的作用，主要是通过以下三种途径实现的。

（1）指导学习训练

学习和训练是开发潜能的基础。只有通过系统地学习和训练，掌握必要的知识和方法，才能使潜能得到正确的、有效的发挥。高校学生管理工作者通过对学生的学习活动的管理和指导，引导学生确立正确的学习目的，掌握科学的学习方法，不仅可以充分发掘学生在学习方面的潜能，以提高他们的学习能力，而且可以促进学生系统地掌握专业理论知识和方法，从而使他们在专业方面的潜能得到开发和发展。

（2）运用激励机制

激励是开发潜力的重要手段。通过激励，可以充分调动人的主观能动性，改变安于现状的消极心态，振奋人的精神，转变人的态度，激发人的兴趣，调整人的行为模式，从而达到开发潜能的目的。高校学生管理工作运用激励机制，通过引导学生明确努力方向和成才目标，奖励成绩优异、表现突出的学生，可以调动学生的主动性和积极性，激发他们奋发向上的进取精神，从而促进他们不断地开发自身内在的潜能。

（3）组织实践活动

实践是潜能转化为显能的中介和桥梁。人的潜能只有在实践中，才能逐步显现出来，得到实际发挥，从而转化为显能。高校学生管理工作者通过支持和指导学生的社团活动和社会实践活动，鼓励和引导学生进行科技服务和科技创新活动等，可以为学生提供丰富多样的参与实践活动的机会，使他们的潜能在实践中得到开发和发展。

3. 完善人格

人格是一个人所具有的稳定而统一的心理特征的总和。通俗地讲，人格就是指一个人的品格、思想境界、情感格调、行为风格、道德品质、精神面貌等。人格既是个人发展状况的集中表现，也是个人发展的内在主观条件。从内在方面来看，人的全面发展包含着人格的健全和完善。高校学生管理工作以促进学生的全面发展为根本目的，因此必然要注重培育学生健全的人格，以促进他们形成崇高丰富的精神境界、高尚优秀的道德品质、积极健康的心理品格。高校学生管理在完善学生人格方面的作用，主要表现在以下两个方面。

（1）优化环境影响

环境是影响学生人格形成和发展的重要因素，对学生的人格具有陶冶和感染的重要作用。"近朱者赤，近墨者黑"，说的就是这个道理。高校学生管理工作在营造良好的校园环境、优化校园环境影响方面具有重要作用。高校学生管理工作通过制订和执行合理的规章制度，建立和维护正常的校园秩序；通过有效的学习管理和班级管理，促进良好学风和班风的形成；通过对学生交往活动的管理和引导，优化校园的人际环境；通过对学生网络活动的管理和指导，净化校园的网络环境；通过对学生社团和学生课余活动的管理和指导，形成积极向上、丰富多彩的校园文化生活环境；通过对学生生活园区的管理和学生日常行为的指导，为学生营造安定有序、文明健康的日常生活环境。

（2）指导行为实践

实践是学生人格形成和发展的基本途径。学生所接受的各种教育，只有在实践中通过他们亲身的体验，才能真正为他们所理解、消化和吸收。学生行为习惯的养成、实践能力的提高等，更是自身长期参加实践活动的结果。因此，高校学生管理工作通过对学生行为和实践活动的管理和指导，也就必然会对学生人格的完善发挥重要作用。

四、高校学生管理工作的要求

（一）对高校学生管理工作主体的要求

1. 学生管理工作主体职业化

职业是职场中的专门行业，是社会劳动中的分类。职业作为社会劳动的具体形式，是由特定的工作职责、职业能力和工作岗位构成的。职业的不同，实际上就是工作职责履行、职业能力发展和工作岗位任务完成的不同。从这个意义来看，学生管理工作是一种专门的职业。学生管理工作者的职责就是在全面贯彻党的教育方针，坚持社会主义办学方向，坚持育人为本、德育为先的原则基础上，引导学生成长成才和全面发展。尤其是对学生思想、政治、道德素质的提高，学生管理工作者负有教育、引导、管理、服务的责任，这也体现了学生管理工作队伍特定的工作目的。职业化指的是从业人员从事某种职业之后所具备的职业状态。事实上，我国高校学生管理工作在 20 世纪 50 年代就已经出现了，经过这么多年的发展，这一职业不但没有因为时代的发展而弱化，反而日渐加强，这本身就是这一职业生命力的最好体现。学生管理工作主体的职业化问题逐渐被摆上人们的议事日程，正是这一职业发展的必然结果。学生管理工作主体的职业化，就是要让学生管理工作者以学生管理工作为本职，在工作职责履行、职业能力发展、岗位任务完成等方面有职业归属感，通过保持专注和平静的态度，能够有效地从事工作并专注于研究，有助于维持学生管理工作团队的稳定性。为了培养社会主义合格的建设者和可靠的接班人，我们需要讨论学生管理工作队伍职业化的理论问题，同时推动实践以实现学生管理工作队伍的职业化目标。

2. 学生管理工作主体专家化

一般认为，专家是对某一事物或领域精通，或者说有独到见解的人。学生管理工作专家化是指在其职业化的基础上，通过不断的学习提升和自身的实践探索，加强总结、反思和批判，持续提高自身业务理论水平和实践能力，成长为有深刻认知和独到见解的复合型人才，能够在学生管理工作岗位上成长为思想政治教育专家、教育管理专家、心理健康咨询专家、职业生涯指导专家、法制教育专家、社团活动指导专家等。当然，学生管理工作者的专家化非一日之功，要想成为专家，就要放下身来、静下心来进行系统全面的学习，接受扎实有效的培训，经历真实反复的实践，开展批判反思研究。在我国现有的学生管理工作队伍中，尤其是辅导员队伍中，专家化的程度不太高。当前针对学生管理工作者的部分政策，如职称晋升、学位攻读等政策，在一定程度上鼓励学生管理工作队伍向专家化发展，但是由于诸多因素的影响，很多学生管理工作者仅是将其作为跳板。学生管理工作队伍专家化的前提是专业化，因而学生管理工作队伍专家化建设，关键是学生工作管理队伍专业资格的认定和综合业务能力测评体系的构建。所谓专业资格认定，就是要确定学生管理工作人员专业化发展的逻辑起点，进而确定学生管理工作队伍走上专家化的方向与举措，如攻读学位、晋升职称、学术研究、学习培训等，在此基础上，还要形成行之有效的约束机制，使学生管理工作队伍的专家化落到实处。

（二）对高校学生管理工作对象的要求

1. 学生的自我教育

自我教育是在教育系统中，受教育者根据社会标准道德规范及其相关要求，自觉地进行自我认识、自我评价、自我监督、自我控制，有目地调整自己行动的活动，从而主动达到或接近教育目的的过程。自我教育是衡量教育实效性的一个标志，又是学生工作的归宿。学生管理工作最终要落脚到作为成长主体的学生实现自我成长、自我发展。可以说，自我教育是高校学生管理工作贯彻科学发展理念的内在要求，也是学生管理工作的长效标准和最终归宿，更是学生管理工作深化科学发展理念、克服传统模式的弊端和应对新形势的必然选择。因而高校在学生管理工作开展过程中，不要一味地强调教育主体一方，而要站在系统思维的视野，关注教育的对象——学生。如要正面引导，弘扬正气，建立自我教育的引导机制；加强学生会、学生社团等学生组织的建设，保障自我教育的实施条件；将自我教育贯穿到学生日常学习生活和社会实践活动之中，使成长主体的主体性价值得以充分实现；加强校园文化建设，形成自我教育的良好氛围；将思想政治教育与新生教育、专业教育、心理健康教育和实践就业教育等有机结合，进行全方位、全过程的自我教育；增强教育工作者的自我教育意识，发挥受教育者的积极性；以人为本、贴近学生，发现新情况，解决新问题。

2. 学生的自我管理

学生可以通过自我管理，以满足社会对于综合素质的要求，激励内在动力，主动整合和利用资源，以及运用高效管理技巧开展自我认知、自我反省、自我规划、自我协调、自我实践、自我控制、自我监督和自我评估。自我管理是根据个人的主观价值观自觉地提升个人能力和素质的方法，特别适用于学生。在高校学生管理工作中，学生可以通过建立学生宿舍自律委员会，利用宿舍作为平台，实行社区化管理来提升自我管理水平。制订学生党员社区管理规定，即学生党员在党总支和党小组监督下，按照宿舍楼层进行组织，展开相应学习活动，接受学生监督，确保学生党员的先进作用。引入辅导员助理和实习班主任制度，选拔高年级表现优秀的学生干部作为低年级实习班主任，以加强管理力量。建立学生班级规章制度，让班级成员自行管理日常事务并采取民主决策。

3. 学生的自我服务

学生的自我服务是学生通过相关载体和平台为所在的学生群体包括自己在内提供服务的过程。要实现自我服务，首先要充分认识自我服务的必要性和紧迫感。特别是对于未来即将进入职场的学生群体来说，他们更要认识到这一点，即应当具有自我服务的意识，应当具备自我服务的能力，应该在进行自我服务过程中全面提升自身的能力素质。其次要充分利用好各级各类服务平台。学生群体性组织，如各级学生社团组织、班级集体、生活社区、学生会等，是学生自我服务的重要平台。这些组织为学生提供了一个互相交流学习、共同进步的平台。在学校的指导下，它们积极促进了校园文化的繁荣，维护了校园秩序，并促进了学生交流。这些组织在塑造积极向上的校园氛围和推动学生发展方面发挥着重要作用。

（三）对高校学生管理工作内容的要求

1. 学生管理工作内容的具体性

教育部或地方教育行政部门对高校学生管理工作做了宏观的规定，这些规定成为高校学生管理工作一定时期的主要内容，成为高校学生管理工作的主要依据和指南。但是从内容上来看，这些规定显得过于宏观、抽象。由于各种原因，诸多高校在解读规定时不太深入，使高校学生管理工作的内容不太具体，操作起来也不太好把握。学生管理工作要符合一所高校的具体实际，必须使其内容具体化。根据科学发展理念的要求，在具体化的过程中，运用现有科学理论认真研究工作对象、工作环境等因素，能够使学生管理工作内容符合自身实际，而不是过于抽象从而难以驾驭。不同的高校、不同的学生、不同的级别、不同的类型、不同的时期，导致学生工作的内容也有不同。

2. 学生管理工作内容的系统性

系统性是整体思维和结构优化在组织运行中的充分体现。系统是由多种相关因素组合而成的一个具有特定目标功能的组织。就高校学生管理工作的内容而言，其系统的构成要素有很多，如思想道德、就业指导、安全法制、心理健康、能力素质、形势政策等。强调学生管理工作内容的系统性，主要在于要将学生管理工作视为一个有机整体，以避免对学生管理工作的各个方面孤立看待，目的是要开阔学生管理工作者的工作思路，运用运动、发展、变化的观点审视学生管理工作，提高学生管理工作的时代性与系统性。从系统的角度认识学生管理工作，可以清楚地看到学生群体是一个系统，而且学生管理工作本身就是一个突出系统特点的整体。

3. 学生管理工作内容的层次性

层次性是自然界当中普遍存在的现象。高校学生管理工作内容作为一个特殊的系统，其内部的层次性是不以人的意志为转移的客观存在。高校学生管理工作不仅拥有自己的详细内容，而且其内容也必然具有相应的层次性。由此可见，高校学生管理工作内容不是单一的，而是集合的，是一个目标系统。高校学生管理工作内容的层次性就是对学生管理工作内容予以纵向结构剖析。对于不同层次院校的学生来讲，人才培养的目标具有差异性。对于不同年级的学生来讲，学生管理工作应该具有不同的针对性、指向性和工作内容的侧重性。对于学生个体来讲，不同基础、不同水平、不同成长目标的学生应该接受不同的教育方式和教育内容，也就是真正意义上的因材施教。

（四）对高校学生管理工作方法的要求

1. 科学化

科学，就是符合客观规律，符合自身实际，体现客观现实，适应环境变化。多年来，我国高校学生管理工作偏向于强调稳定和秩序的保持，更重视保持现状而非开拓新局面，更倾向于保守而非创新，逐渐与需要人们全面发展的"科教兴国"和"人才强国"战略背景脱节。结合时代潮流，突出以人为本的理念，明确学生管理工作应充分认识到自身的教育职能，高度重视学生在管理中的关键作用，全面理解学生管理的核心是以学生为中心，致力于服务学生成长，旨在培养胸怀社会责任的新时代建设者和可靠接班人。高等教育事业科学化的发展，对学生管理工作提出整体上从事务主义层面向全面协调、可持续发展层面转变的新要求。

2. 人性化

在传统视域中，高校学生管理工作的主要内容就是事务管理，忽视教育、服务、指导、咨询、资助等职能，滞后于当代学生群体成长、成才、成功的现实诉求。高校在管理工作中往往忽视人的全面发展的需要，没有真正做到以人为本。以人为本，在高校学生管理工作中就是要以学生为本，以学生的全面发展为本，把学生当作有思想、有独立人格的社会公民来看待，就是要坚持以学生的根本利益和成长成才为出发点。高校学生管理工作要做到以人为本，学生应被视为最重要的因素，应当从学生的角度出发，满足他们合理的需求，并尊重和依赖他们。同时，需要重视老师和学生共同管理以及学生自我管理的结合。此外，必须时刻考虑学生的心理成长需求，通过他们的个人发展和合理需求调整管理规则，灵活应对问题，注重社会进步，激发学生各方面的积极性，激励学生的活力和热情，促使他们实现个人梦想，并追求更高层次的目标。在学生管理中，可以通过启发、激励、鼓励、奖励和惩罚等方式实现个性化管理，同时结合规章制度的制订、监督、处罚、纪律等手段进行法规化管理。

3. 信息化

在数字化时代，高校需要通过推进数字化建设以实现其全新的潜力和价值。随着现代信息媒体在校园中的普及，学生的思维方式、行为习惯和价值观正悄然发生着变化，因此高校管理者需要对学生管理方法进行根本性调整。在高校学生管理中采用现代信息技术为学生提供服务，已经成为紧跟时代潮流的必选方案，并且符合学生管理工作的需求。高校利用信息化技术转变了学生管理方式，实现了管理效率的提升和人力资源的节省。这种数字化转型不仅适应了高校综合实力竞争的新要求，还使学生管理工作更加高效。根据网络的实时、灵活、虚拟和动态互动等特性，学生管理人员更贴近学生的学习生活，提供了更优质的服务。

4. 个性化

因材施教是中华传统文化中的精髓，是教育的真谛。高等教育要实现科学发展，增强育人工作的针对性、实效性和个性化是必然趋势和必由之路。学生管理工作是育人工作的重要组成部分，学生管理工作从理念到方法上增强针对性、实效性和个性化，是高校育人工作个性化教育的重要内容。可以说，在学生管理工作过程中，方法的个性化源于对象的个性化，对于不同的教育对象，高校需采取不同的教育措施，从而促进学生不同的发展。根据学生的多样性和需求，认真研究新时代学生成长规律，培养学生的积极思维和综合能力，利用现代技术，尊重学生独特性，分类指导，实现个性化引导。

第二节 高校学生管理的现状

一、高校学生管理工作取得的成绩

高校的首要任务是培养具备全面素质，并可以为社会主义建设作出贡献的人才。学生事务管理在高等教育领域扮演着至关重要的角色，在培养符合21世纪经济社会需求、拥有综合素养的出色大学生方面至关重要。多年来，高校一直注重管理学生事务，并投入了大量资源。学校的学生工作管理者严格执行党的教育方针，以学校培养目标为指导原则，积极实践并探索，努力创立了一套行之有效的管理模式和方法。他们对学生充满热情、关怀备至、尽心尽力，倾心辅导学生，培养了一大批优秀的专业人才，为我国的社会主义事业作出重要贡献。尤其是近些年，高校学生工作管理队伍一直在致力于研究和探讨如何使学生工作管理更加科学化和规范化，并取得了一些进展，具体表现在以下几个方面。

（一）大学生思想政治教育得到强化

大学生的思想政治工作除了课堂教学、德育课、形势政策课等内容外，还需要具有针对具体问题和时事的特点。高等院校在学生管理方面重视进行日常的思想政治工作，鼓励学生更新思想、拓展视野、提高认知水平，并倡导实施以学生为中心的教育理念，培养出具备服务意识、增强服务功能的学生管理体系，以自觉、主动地促进学生的发展和成功。在教育大学生的过程中，不仅要教导、启发、激励他们，还要保持尊重、理解、关心和支持他们，以规范他们的学习和生活，引导他们朝着道德规范和纪律要求的方向发展，培养其文明修养，促使他们养成文明的行为习惯。

思想政治教育工作应当深入学生内心深处，使他们自愿地接受和欢迎，从而在解惑、消除分歧、激励并点燃学生的热情方面发挥作用，为大学生提供精神支持和引领。大学生的思想政治教育一般以集体、小组和个人形式进行，包括举办大型会议、展开讨论、学习和研究等方式。根据学生的认知发展水平，有针对性地进行思想引导教育，帮助大学生全面提升素质水平。通过诸如"三好学生"和"文明宿舍"等评选活动，引导学生参与卓越竞争，积极努力学习，拼尽全力追求进步，励精图治，力争成为杰出的人才。对于一些大学生不当行为的惩罚，不仅对涉事个人的成长发展至关重要，同时也能为其他学生提供有益的教育启示。军训还有助于提升学生适应环境的能力，培养学生对国家安全的意识，锻炼学生的决心和奋斗精神，同时帮助他们养成文明礼仪和遵守纪律的习惯。通过为学生设定明确的目标，提供专业的指导和教育，激励他们对学习产生浓厚兴趣，促进他们自我发展的积极性。通过学习学校的历史和传统，传承积极的学习风气，为学生今后的学业发展奠定良好的思想基础。此外，通过对毕业生的教育，指导学生如何平衡个人发展需求和社会需求，培养正确的职业态度。帮助学生认识自身素质与社会需求之间的差异，激发学生担忧未来的意识，促使大学生自觉、主动、积极地提升道德修养水平。另外，还需注重培养学生的竞争意识、激励学生自我成长以及促进创新与创业,以帮助他们持续提升素质,坚定进取的信念,并养成永不轻言放弃的习惯。

(二)为全面提高大学生素质搭建舞台

1. 通过组织社会实践,学生的社会适应能力得到提高

高校学生的社会实践是学生工作管理中的重要内容,旨在通过各种形式的实践活动,引导学生在寒暑假期间走出校园,走向社会,体验生活,感受差异,加强社会责任感和使命感。社会实践的形式多样,包括环保调查、行业实践、公益实践、母校回访、勤工助学等,这些活动不仅没有固定的模式、场地和对象,而且可以让学生面对不断变化的情境,独立解决问题。

社会实践活动调动了学生的积极性,引导他们开拓创新,让他们通过接触、了解、交流,受到教育和启发,思想得到升华。在实践中,学生不仅认识到自身的不足,重新评价自我,提高素质和能力,满足社会发展需要,还训练了独立生活和适应环境的能力,提高了实际应用和组织管理能力。

通过社会实践,学生巩固了专业技能,了解了国情,增强了社会责任感,塑造了良好品德。同时,社会实践培养了学生坚韧、务实的品性,提高了学生完善自我的能力。这些社会实践活动不仅让学生在实践中得到锻炼和提升,更重要的是让他们在实践中认识到社会的复杂性和多样性,培养了他们面对困难时的勇气和智慧,为将来的成长和发展奠定了坚实的基础。

2. 学生得到了开发潜能、展现自我的重要平台

大学生社团活动是大学校园文化的重要组成部分,也是大学德育的有效补充和素质教育的重要载体。大学生社团是由一群志同道合的学生自愿组成的固定成员组织,包括思想政治、学术科技、文体娱乐、志愿服务、创业或综合五种类型。这些社团活动形式新颖、丰富多彩,不仅培养了学生的想象力、创造力、批判能力和协作精神,还调动了社团协会的主体性与参与性。通过参与社团活动,学生可以丰富大学生活,获得课堂以外的学习机会,锻炼自己的能力、展现特长,促进身心健康和全面发展。社团活动为大学生提供了一个重要舞台,让他们能够开发潜能、展示自我,实现自我价值。

3. 学生的人文艺术修养得到了提升

校园文化建设作为学生工作管理的重要内容之一,扮演着塑造学生素质、促

进学生全面发展的重要角色。文化素质作为素质的重要内容之一，包括文学修养、理论修养、音乐修养、艺术修养等，是学生综合素质的重要组成部分。校园文化活动的丰富多样，如元旦联欢会、歌手大赛、合唱比赛、社团嘉年华等，为学生提供了展示自我、锻炼能力的平台，促进了学生的全面发展。青年人具有思想活跃、吸收力强、可塑性大的特点，更容易接纳新事物、观念和生活方式。通过群体文化的规约和引导，可以帮助学生形成正确的世界观、人生观和价值观，培养学生的社会责任感和团队合作精神，促进学生的人格完善和心智成熟。丰富多彩、形式多样的文化艺术活动，如音乐会、芭蕾舞、话剧等，不仅可以提高学生的艺术修养和审美水平，还可以激发学生的创造力和想象力，培养学生对美的热爱和追求。

4. 学生的创新能力得到了锻炼

大学生课外学术科技活动涵盖学术科技的学习、创新和应用三个方面。高校学生工作管理部门应高度重视这些活动，健全组织机构，建立评比表彰制度，营造学术氛围，采取积极措施促进活动发展和深化。课外科技创新活动激发学生学习积极性和创造能力，帮助他们成长为社会财富的创造者。这些活动打破课内外界限，培养学生终身学习的观念，促进学生的全面发展。

通过参与课外学术科技活动，学生不仅能够提升自身的学术水平和科技能力，还能培养创新思维和实践能力，为未来的发展打下坚实基础，同时也为社会的进步和发展贡献自己的力量。

（三）推进素质教育的能力和水平

高素质的辅导员是学生思想政治工作中不可或缺的重要力量。他们承担着组织者和教育者的角色，直接影响着学生的成长和发展。因此，优秀毕业生党员被选留到辅导员队伍中，是提高队伍整体素质的有效举措。这种做法不仅有利于国家的稳定和繁荣，也促进了学校的生存和发展。近年来，我国高校学生工作管理逐渐强调教育性和发展性，倡导"以人为本"的管理理念。管理制度的不断完善，使得管理干部队伍的层次得到提升，硕士毕业生和博士毕业生在学生管理工作中扮演着越来越重要的角色。有些高校的硕士毕业生在学生管理干部中占有一定比例，甚至有的学校还任命博士毕业生担任专职书记，这进一步彰显了对高素质人才的重视和运用。

二、高校学生管理工作面临的问题

高校作为培养人才的关键阵地,高校学生工作管理的有效性直接决定着人才培养的质量和高校的稳定。各高校对学生工作管理高度重视,积极进行研究和探索,取得了一定成效。然而,高校学生管理工作仍然面临着一些挑战和问题。

(一)市场经济深入发展,学生管理面临挑战

随着我国改革开放的不断深入,人民生活水平得到提高,广大人民群众对高等教育的需求也日益增加。为了满足这一需求,党中央、国务院作出了扩招高校的决策,这导致高校招生人数不断增加,学生人数持续攀升。然而,随之而来的问题也逐渐显现出来。

首先,生源质量下降和经济困难学生增多成为不可忽视的现实。高考取消年龄限制、实施学分制等政策变化给学生工作管理带来了新的挑战。同时,高校基础设施建设滞后,学生宿舍、食堂、教室、文化体育场馆等设施存在严重不足,造成学生课外活动少、体育文化生活单调,甚至学生自修教室紧缺的现象。

另外,大学生思想观念和价值取向的变化也给学校管理带来了新的考验。学生的独立性增强,对管理模式提出更高要求,原有的单一管理模式已经无法适应学生的多样化需求。

面对这些挑战,高校需要调整管理模式,改进学生管理工作,提升服务质量,以适应新形势下的高等教育需求。

(二)传统管理模式的弊端使学生管理工作产生新问题

尽管传统的学生管理模式有其历史和成功经验,但在新的环境中却存在无法克服的弊端。目前有些高校仍然存在这样的情况:学生管理工作重视管理事务,忽略了为学生提供服务;在管理过程中,管理者处于主导位置,而学生则扮演支持性的角色,学生被视为被管理者,需要服从和听从管理者的安排;侧重于对学生进行管理和控制,而不是以满足学生发展需求为中心;工作重点放在满足学校稳定和发展的需要上,而非关注学生的成长。通常情况下,学生管理工作者倾向于使用行政性方法管理教育工作,更注重为学生提供指导,而不太重视提供平等交流解决问题的机会;以长者、管理者的身份表现得更为突出和重要,而以朋友、服务者的身份则显得不那么重要;教训和道理多于真正能够满足大学生在情感、

生活等方面的需求，有效沟通机会较少。目前更多的工作是被动应对问题，而为学生综合素质的提高和发展创造更广阔的空间的工作相对较少。面对不断变化的现实和新情况，学生管理工作者需要改变思维方式，更新理念，将关注重点放在以学生为核心、促进学生全面发展上，为学生创造更多成长和发展的机会和条件。

（三）网络普及的负面影响对学生工作管理模式带来冲击

信息化技术对传统学生工作管理带来了机遇和挑战。首先，信息化技术的发展为学生提供了新的学习和交流平台，使得学生可以更便捷地获取知识、展示自己的才华，促进了学生之间的交流与合作。此外，信息化技术也为高校学生思想政治工作提供了新的机遇，通过网络平台可以更广泛地传播思想政治教育内容，加强学生的思想引导，提高教育工作的水平。

然而，信息化技术也带来了一系列挑战。首先，网络信息的快捷、丰富和开放特点使得学生对传统的学校权威性产生怀疑，学生更倾向于通过网络获取信息，而非传统的教育渠道。这给思想政治工作部门带来了信息获取方面的劣势，需要加强网络信息监管和引导，以确保信息的真实性和健康性。其次，大量网络信息的涌入可能会"淹没"德育和思想政治教育信息，影响教育工作的效果，需要加强对学生的引导和教育。此外，网络也成为有害信息的传播地，学生难以判断信息真伪，容易受到虚假、不健康信息的影响，需要加强信息素养教育，提高学生的辨别能力。最后，网络的虚拟性和隐蔽性使得学生容易沉溺于虚拟世界，难以自拔，需要加强对学生的心理健康教育，引导他们正确使用网络。

（四）学分制和弹性学制的实施使学生工作管理面临新的变革

学分制下，学生工作管理的变化带来了教学管理模式的革新和学生管理观念的转变。学生不再被固定在整齐划一的学年制中，而是形成了多变的听课群，专业班级观念逐渐淡化。管理工作也不再局限于本专业学生，而需要跨专业、跨校进行管理。学生工作管理不再是简单的指令性管理，而是更注重指导性，引导学生自主学习，构建合理的学科知识结构。

然而，这种新的管理模式也面临着挑战。跨专业、跨校学生管理的困难增加，需要更灵活的管理方式和手段。学生的自主学习能力和自我管理能力也需要提升，这对学校提出了更高的要求。

为了应对这些挑战，需要构建新的学生工作管理平台。这包括强化跨专业、跨校学生管理的协调与沟通，制订灵活的管理政策和规定以满足学分制下的管理需求，开展学生选课指导和学科知识结构构建的指导工作，制订培养学生自主学习和自我管理能力的培训计划，以及提供师生互动、学生交流的平台，促进学生间的合作与学习。

（五）管理队伍储备不足制约学生管理工作的开展

高校学生管理工作面临的重大难题主要集中在人员空缺和素质不高、年轻化、工作内容庞杂以及现行工作体系的约束等方面。首先，人员空缺和素质不高导致了辅导员任务过重，无法有效开展思想政治教育和心理疏导工作。在这种情况下，辅导员缺乏管理学和心理学知识，管理经验不足，管理效率低下。年轻化的辅导员虽然与学生沟通更容易，但由于缺乏管理经验，也难以有效管理学生。高校工作内容庞杂，各部门工作最终落在辅导员身上，导致管理表面化、肤浅化，流于形式。现行工作体系的约束使得学生工作管理者陷入每日事务中，难以对学生行为、生活、学习等方面进行高效、规范、科学的管理，阻碍学生综合素质提高。

第三节 高校学生管理模式

一、精细化管理模式

（一）精细化管理模式的概念和特点

1. 精细化管理模式的含义

"精细化"（也有学者称为"精致化"）的理念起源于管理学领域，最早源自科学管理之先驱泰勒的科学管理概念。接着，丰田公司将其引入生产领域并推广，创立了著名的"丰田生产方式"（TPS），即精益生产的理念。国内学者对精细化管理的概念进行了一些阐释。汪中求认为精细化管理是管理者运用技术工具来提升产品质量、服务水平和运营效率的做法。在确保规范的基础上，建立系统化的支持，依据数据标准化提供信息化手段，以便服务提供者专注于满足客户需求。精细化管理是将科学性与人文性相结合，追求卓越和精益求精的管理方式。它注重细节和过程，同时关注结果，确保质量和效益同步提升，同时平衡教育投入和产出。

2.精细化管理的特点

精细化管理是一种管理理念和文化，其关键是将员工置于优先位置，在管理中注重尊重员工的主体地位和积极性。精细化管理强调在整合质量管理和生产效率的基础上，着重于确立全面的制度、明确的标准和规范的流程，同时注重实施的高效率并建立细致的评估体系。精细化管理具有以下特点。

（1）强调以人为本

在管理领域中，个人扮演着至关重要的角色。精细化管理是一种管理理念，重视员工的参与和全员动员。在学生管理领域，精细化管理强调每个教职员工和学生在学校管理中都有双重身份，他们既是被管理者，也是管理过程中的参与者和执行者。学生精细化管理旨在让学校每位员工和学生都能充分发挥潜力，成为学校竞争力的重要组成部分。这意味着精细化管理不只是学校领导和管理人员的责任，而是需要全体成员共同参与，形成全员参与的管理过程。

（2）强调责任落实

精细化管理注重处理流程和实施，要求所有管理人员积极承担管理职责。明确教职员工的责任，确保他们认真负责，全面履行自己的职责。这需要确立完善的体系，通过体系保证责任的执行。需要确立清晰的规范，以指引教职员工履行其职责。需要确立一套规则和制度，以规范和指导教职员工的管理举止。要求管理参与者以高效的方式执行领导层的决策。同时需要建立健全的评估机制，以确保责任落实和问题得到及时解决。

（3）强调科学化

突出科学性是精细化管理模式的关键基础。精细化管理模式是基于科学原理，融合了科学管理的核心概念，包括注重定量分析、追求工作效率和重视绩效评估等要素，展示并应用科学化的管理理念、工作计划和技术手段。

精细化管理模式的科学性可以在以下三个方面得以具体展现。第一个方面是运用现代教学技术和科学研究方法。学生管理从业者可以通过现代教育技术和科学方法，快速全面地了解学生情况，掌握学生观念的变化，以提高学生工作的科学性、目标性和效率。运用现代教育技术和科学方法可以帮助学生更加细致地完成任务，减轻了管理学生的工作负担，同时也提升了管理工作的效率和水平。注重利用现代科技工具，如广播、电视、网络、手机和多媒体等，来扩大学生的活动范围并提供更多机会。在实践中，教师应该积极借鉴其他学科的成功经验和先进工作方法，以促进学生教育过程中质和量的协调，并综合人文和科学因素进行全面管理，确立规范化、程序化和制度化的工作流程。第二个方面是不断优化组织结构。建立一个高效的工作体系对于实施精细化管理模式是至关重要的。学生工作管理需要多个组织机构共同参与，是一个需要系统化管理的项目。这些组织机构虽然各自承担着独特的职责，但它们之间密切合作，以全面满足学生的教育、管理和服务需求，且不存在重复要求或职能交叉的情况。随着学生和学生工作事务的变化，需要对学生工作体系的组织结构进行调整和优化，以适应新情况和挑战，及时作出改变。这些组织机构需要根据新形势作出相应变革，以适应新时代的使命需求。第三个方面是工作模式的稳定性。精细化管理模式注重科学发展的可持续性，要求将学生工作中的优秀创新方法通过建立规范制度进行固化，以促进传承。同时，要求以文字、图片或视频的形式记录那些独具特色、工作成果明显的方法，以便他人学习和参考。

（4）强调绩效性

绩效性是确保精细化管理模式成功落实的关键要素。精细化管理模式的成效主要体现在以下两个方面。首先需要对学生的表现进行评估。在推动和实施学生工作时，需要建立一套评价准则来评估其效果。精细化管理是一种遵循标准和规范的管理方法，而绩效评估则是评判其效果的一种传统方法。学生工作不仅仅关注思想政治方面，也需要考虑到资源合理分配和细致管理，其重点是努力最大化优化学生工作效果。绩效评估是用来衡量一个组织或个人在特定时间段内投入和产出的效果。投入表示在人力、物力、时间等资源方面的投资，而产出则表示工作任务在数量、质量和效率等方面的实际成果。这表明绩效评估的目标在于保证最大化和优化输入与产出之间的关联，因此可以说二者之间保持一致。因此，学生工作需要引入绩效评估来进行精细化管理。接下来是对学生管理人员和学生的表现进行评估。将绩效考核与奖励和薪酬挂钩，能够激发学校领导的重视，带动管理人员和学生朝着更具精确性的目标努力，有助于提高学生工作的细致水平，最终实现学校的培养目标。绩效评估应该被看作是一个持续改进的过程，旨在识别问题并提出解决方案，而不只是专注于成果。它的最终目的是推动学校、教师和学生一起取得进步，通过评估发现挑战和需改进之处，实现双赢局面。

（二）精细化管理的内容

1. 精细化的操作

精细化的操作是在执行某项任务或工作时，将整体任务分解为更小、更具体的步骤，并对每个步骤进行详细的规划和执行。这种方法有助于提高工作效率、降低错误率，并使任务执行更加可控和可预测。

2. 精细化的控制

精细化的控制是在管理和监督工作、项目或任务时，通过细致的规划、监控和调整，以确保任务按照既定计划、标准和目标顺利进行并达到预期结果的过程。精细化的控制可以帮助管理者更好地管理资源、降低风险、提高效率、确保质量，并及时作出调整以应对变化。

3. 精细化的核算

精细化的核算是在企业管理中对各项费用、成本、收入等进行详细、精确的核算和管理，以便更好地控制成本、提高效率、优化资源配置，并为管理决策提供准确的数据支持。精细化的核算可以帮助企业更好地了解各项费用的构成和变化情况，从而制订更有效的管理策略和决策。

4. 精细化的分析

精细化的分析是在管理和决策过程中，对各项数据和信息进行深入、详细的分析，以获取更全面、准确的见解和洞察。精细化的分析可以帮助他们更好地理解运营情况、发现潜在问题、制订有效策略，并作出明智的决策。

5. 精细化的规划

精细化的规划是指在制订战略、目标和计划时，对细节进行深入、周密的考虑和安排，以确保实施过程中的有效性和成功性。精细化的规划可以帮助组织更好地理解目标和任务、合理分配资源、降低风险、提高执行效率。

（三）高校精细化管理模式的实施步骤

1. 确定管理目标

秉持着注重个体需求、因人而异的教学理念，高校致力于提高教学水平质量。

通过科学管理原则和创新方法，强调精细管理，着力提升教学质量。在学生面前，需要树立新形象，承担起培养学生成才的社会责任。在学校教育中引入精细化管理概念，采用全面性管理方式来管理，以确保最佳实践，鼓励学生在学习过程中自我激励，推动学生全面发展和个性化提升，使教师更具主动性。

2.细化分解并梳理管理工作各流程间的关系

（1）实施流程

精细化管理模式的流程图，如图2-3-1所示。

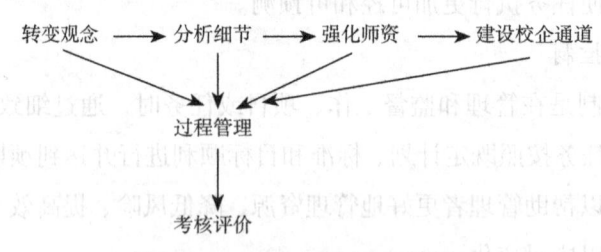

转变观念 → 分析细节 → 强化师资 → 建设校企通道 → 过程管理 → 考核评价

图2-3-1　精细化管理模式的流程图

①分析细节

高校在学生管理方面要重视细致化，从设立目标开始，持续将目标细化，逐步拆分任务，培养一个团结合作、共同追求目标的团队。在教育机构的管理中，组织构建至关重要，因此高校应该以加强组织建设为重点，确立党政合作、分层负责管理的管理模式。通过建立一套全面的管理制度，逐步细化工作责任分配，明确各部门职责，注重质量控制，提高产品质量意识，并将其贯穿于精细化管理的始终。

②强化师资

教育管理的基础取决于教职人员的素质和实力。高校应该重视提升教师培训的质量，创新培训方式，注重引进外部资源和跨界合作。更具体地说，高校可以安排教师在寒暑假期间参加外出学习和调研活动，同时进行教学实践，以此来提高他们的实际教学水平和理论运用能力。邀请具有丰富经验的教学专家，为在职教师提供个性化、分级、有条理的培训计划。可以通过观察教师授课、审阅备课材料等方式提供改进建议。在特定情况下，应设立奖励基金来促进教育发展，支持教师积极学习，提升综合素质。

③过程管理

在进行任何活动时，要以取得实际效果为主要目标，并不断提高管理效率。在管理学生的各个方面，包括学习和生活，应该注重细节，制订规定和措施。在教学中需要建立明确规范的规则，将教育目标持续细化拆解，转变传统管理方式为注重各环节质量控制的过程管理。在服务管理层面建立全天候的风险排查和紧急响应机制，以确保能够提前防范学生安全隐患。应当定期和不定期对饮食卫生进行检查和抽样检验，同时要建立完备的检查记录。

④考核评价

关键是有效实施能充分发挥指导作用的基本效能。在进行评估时，需要慎重选择适合的展示方式，注重激励性，始终把教职员工的整体成长放在首位，并对他们的过去和未来发展进行全面分析；学校的全面检查和监督工作由校级督导部门负责，其他层级领导需要明确权力、责任和利益，并贯彻人人管理、处处管理的原则。将教师评价的考核重点由关注学生升学率，转变为关注学生综合素质的提升。加强家校沟通，将家长的评价作为评选优秀教师的重要参考之一；保证每月奖惩举控得当，年底进行总结表彰，全面履行管理职责，实现管理细致化。

⑤建设校企通道

校企合作应该贯穿整个学生管理流程。学生的就业前景取决于建立的校企合作关系，这是学生顺利进入企业并胜任工作所必不可少的基础。在管理工作中，应该始终重视建立校企合作渠道，并且让学生获得实践机会。另外，鼓励企业在学校设立教育研究机构，帮助教师更深入地了解企业的运作方式，并进行实地调研，以更全面地把握行业发展趋势和社会需求。高校通过建立校企合作机制，取得了教育管理的成就，推动学生的全面发展、顺利就业，培养拥有专业技能并能为社会作出贡献的人才。

（2）各步骤的实施关系

在实施过程中，必须先改变思维方式，这是精细化管理的第一步。随后进行更详尽的分析，通过完善规章制度、细化管理责任、明确工作任务分工、加强家校互动，将学生管理从常规层面提升至更为细致专注的水平；确保师资力量的高质量管理是实现良好效果的重要保障，必须重视提升教师队伍的素质管理。学校和企业之间建立联系可以促使学生顺利就业。在执行这些步骤时，应当重视过程控制，确保始终贯穿着对质量的关注。考核评价是管理成效监督的关键环节，只有有效利用考核来引导和激励，才能更好地实施管理工作。

3. 细化分解并归类管理资源

学校的发展离不开学校资源的支持，这些资源主要包括教学资源、学生管理资源和后勤服务资源，它们分别对教学、学生管理和校园服务起着至关重要的作用。这三种资源都在支持精细化管理的各项流程，它们在资源分配方面各自发挥作用，通过协调安排，确保资源的最有效利用，充分展现管理团队的协同合作和作用。因此需要实现以下几个方面。

（1）加大师资队伍建设投入

教师是促进学校教学任务完成、学生发展成才的关键力量。在资源分配中，应优先投入建设师资队伍，尽量将更多资源用于教学和科研领域，同时制订教师激励政策，以激发教师的主动性、积极性和创造性。可以通过改革教师薪酬机制，让教师的学术研究成果和教学表现更直接地关联起来，以激励他们不断提升和创新。同时，加大对优秀骨干教师和优秀教学人才的经济支持。此外，需要加大对教师培训的投资，有目的地安排企业参观学习和专业培训，并根据阶段进行组织，以提升教师的整体素质。

（2）保障学生管理资源充足

日常管理涵盖了学生的纪律要求、课堂出勤、请假手续以及个人素质全面发展等方面，这直接影响学生个人的成长效果。有效的学生管理能够确立良好秩序，是学校正常运作的基石。为了实施连续性管理，需要长期记录学生的身心发展情况，建立学生个人发展档案，记录证明其成长历程和结果的资料。通过将这些数据整合绘制出学生的个人成长曲线，并根据实际情况引导解决问题，促进学生实现个性化发展。保证学校正常运营和学生长期发展需要投入适量的资源，无论是日常管理还是持续运营。

（3）确保后勤服务全面到位

确保高校的后勤服务全面落实到位，充分投入人力、财力和物力。高校应该建立一套全面且详尽的公共设施管理制度，以减少公共资源的浪费。只有对现代电子设备进行合理管理，才能提高它们的使用效率并延长其寿命。增强学校经费的管理和控制，加强监督和考核力度，制订食堂检查规定，尤其需加强食品卫生管理，严格管理食品采购，保证学校领导24小时值班，改进保安人员的夜间巡逻制度，确保校园全天的安全。只有定期提交安全隐患报告并记录安全检查结果，才能有效地解决各种难题。

4.精细化管理模式的实施方式

（1）细化常规管理，完善各项制度

高校应对教学、安全、后勤、师德等方面的常规管理进行详细规划，并严格执行考核与监督制度，确立完善的监督机制。在监督考察中应有不同的侧重，并明确相应责任。学校领导应该强化学校管理，加强各项工作的协调和调度。在内部，要求每个成员承担多项职责，重视安全工作，严格评估教职员的职业道德和工作纪律，以实现科学、规范和制度化的管理。

（2）细化教学管理，注重过程管理

高校在进行精细化管理时，将关注点放在对教学过程的细致规划和管理上。它将教学规范划分为了团队备课、有效课堂授课、学科辅导和团队班会。各年级教育组根据具体目标，努力促进备课和课堂活动计划的有效开展，以保证学校计划和个人教学计划的顺利实施，强调团队合作和协同作用。在各种会议和辅导活动中，必须确保进行了记录，学校将通过监管、特别检查、月度审查、优质课程评选等方式对这些记录进行评估和考核，最终结果将与个人绩效相关联。

（3）细化学生管理，提高德育实效

加强学生管理，促进德育工作持续发展，确保学生行为规范，提倡关心与关爱，维护学生心理健康，组织多元化主题教育活动，培养学生实践能力和思辨能力，促使学生参与社团活动，为学生成长提供多样化支持。透过充分发挥优秀学生在学生管理中的才能和影响力，逐渐塑造并加强走廊、宿舍和教室的文化氛围。

（4）细化后勤服务，创建节约校园

高校可采取如下四项措施：首先，设立健全的公共设施管理机制，以避免水、电、物资的浪费。确保现代教学设备的良好运行状态，延长使用寿命；其次，优化学校管理经费和开支的管理效率，同时加强监督措施；再次，设立食堂评估制度，举办座谈会邀请学生和教师共同参与，对食堂的服务进行评估；最后，可以对学生和教师进行调查，收集他们的反馈意见，并据此制订新的改进计划。

二、网格化管理模式

（一）网格化管理模式的含义

近年来，我国社会管理创新采用了网格化管理这种新型管理模式，随着网络信息技术的进步。网格化管理模式是将管理对象划分为多个中等大小的网格单元，根据特定评估标准进行管理，并建立信息共享机制，通过现代信息技术促进各单元之间的高效沟通与合作，实现资源共享和高效管理，从而实现资源整合和优化管理。

网格化管理是通过将工作分解为小的部分，以便更好地进行预测和及时发现问题；网格化管理是一种集中调度和协同管理资源的方法，旨在实现资源利用的最大效益。通过采用网格化管理的开放式组织架构，能够有效地激发管理对象的积极参与，促进管理者和管理对象之间更紧密的合作，共同解决问题，从而弥补单向管理模式的不足。将区域分割成多个网格，以便信息能够在不同级别和区域间流动，防止盲点出现在常规管理中，并保障管理过程的连贯性。

高校学生管理的质量对于高校的教育质量、科研成果和声誉，以及对中华传统文化传承和科研创新的影响至关重要。这也将为研究具有中国特色的社会管理体系提供重要的学术价值和实际意义。高校学生网格化管理模式是一种以数字技术为依托，以单元网格管理为主要特点的、综合的大学生管理理念、方法、机构、程序结合体。

学生网格化管理模式是在保留传统学校管理系统的基础上，重新考虑高校学生管理的工作方式和组织结构，设立管理区域内的网格化小组织。通过确立和实施组织保护机制，规范学生管理的程序和组织构架；应用现代信息技术和先进科学设备，确立科学化管理体系。简言之，高校学生网格化管理是利用各种信息时代的技术工具，通过管理学生的不同方面和细节，最终实现全方位管理学生的目标。

（二）网格化管理模式的内容

网格化管理的要点包括五个方面：首先，使用科学方法将辖区划分成网格；其次，需要收集和记录基础信息，以便促进信息资源的分享与利用；第三，简化管理者和群众之间的交流，搭建信息平台；第四，要求建立居民档案记录，要求网格负责人定期对居民进行走访和巡查，然后将相关记录存档在信息库中；第五，优化考核奖惩制度，这是保障网络化管理有效运转的重要条件。网格化管理模式的主要内容，如表2-3-1所示。

表2-3-1 网格化管理模式的主要内容

事项	做法
网格的划分	根据一定的标准原则，将管辖地域的人员划分成若干个网格单元，再根据划分好的网格结构，整合公共服务资源，添加服务团队，对网格内的居民进行多元化、精细化、个性化的各种服务。
信息数据库的建设	通过网格管理员对辖区范围内人、地、事、物、组织等进行全面的信息采集管理，构建"网格化管理"基础数据库。
服务平台的建立	建立各种网络平台和办事窗口，方便网格群众提交各类建议、诉求；网格服务队员通过各种平台、群众来访等方式，收集群众反映的问题和诉求，进入系统受理；对每件事件的受理、处理、办结以及反馈评价等情况能在平台上全面反映，并可按事件的类型、责任人、办理时间等要素进行分类查询，各级领导根据授权，可以通过平台了解办理进度、进行督办。
民情日志的收录	网格负责人定期去走访群众，并记录编成日志；网格负责人对走访记录的事情进行具体的处理，如果自己无法解决，按流程进行上报处理；上级可以通过日志来督查网格服务团队的服务频率和服务质量，考核服务团队。
考核系统的完善	考核主要针对办事时限、基础数据的完善、老百姓的满意率等；考核是长效机制的重要手段，要形成事事有考核，人人有考核以及责任追究机制

（三）网格化管理模式的优势

1. 办理方便快捷

利用网格化管理，群众只需在信息平台上反映问题或需求，由网格管理员统一受理，并及时提供服务反馈；各种管理部门可以在幕后引导方向，及时监督每个步骤，及时将每项任务的进展情况上传到平台，并通知网格管理员，以便与居民互动，从而简化流程并提高工作效率。

2. 快速响应

在网格化管理中，存在一个独立的监督模块，可以实时监督整个管理流程。如果发生突发情况，监控模块能够及时作出适当调整，并向相关机构提出建议以便进行必要的调整。这些机构根据监督模块的建议，结合当时的情况，推动各部门迅速行动，展开协同合作。

3. 资源的交叉共享

促进资源在不同平台之间共享，集中优化广泛分散的资源。政府在处理突发事件时需要调动各部门的紧急资源，确保各部门之间实时共享信息，最大化程度提高资源利用率，从而加快事件应对速度。

4. 跨部门的高效联动

跨部门之间协作高效互通，实现了资源共享和信息流畅。通过实时获取业务状态和当前处理情况，监控工作变得更加高效。在这种情况下，各部门很容易出现欺诈、相互推卸责任以及权责不清的情况。

（四）网格化管理模式在高校学生管理工作中的应用

1. 在高校学生党建管理中的应用

网格化管理模式的构建目标是建立一个多层次、分工明确的管理体系，以实现学生自治、党建工作全覆盖的目标。该模式将学生宿舍划分为网格单元，每个单元形成一个网格小组，由学生党员或积极分子担任组长，形成三级网格小组；多个网格小组组成二级网格组，由教工党员担任组长；最终以二级网格组为基础形成一级网格，由党总支书记担任网格组长。

在这一管理模式下，不同类型的网格小组将开展党章学习宣传、红色教育实践、英雄事迹探寻等工作，以全面推动党建工作。该模式的作用在于实现党建工作全员参与、全员管理，发挥党建工作凝聚人心和宣传引导作用。其特点在于打破传统的班级建制，通过网格化管理模式促进党建工作，提高管理效率和工作质量。

2. 在高校学生团建管理中的应用

高等学校团建工作的网格化管理模式以高校团委为核心，构建起由班级团支部、社团团支部、公寓或宿舍楼栋团支部和网络团支部组成的四大联网体系。团委网络中心协调各级团支部工作，统筹规划活动；班级团支部关注学习与团队合作；社团团支部培养兴趣和团队精神；公寓或宿舍楼栋团支部促进邻里交流；网络团支部开展线上活动。这种模式实现了团建工作的生活化、日常化和常态化，全方位覆盖学生需求，提升管理效率和质量，促进学生成长。这种网格化管理模式使团建工作更具体、有效，为学生提供更好的成长和发展空间。网络团支部可以有效发挥网络资源共享、超越时空、实时交互等优势，从而克服应届毕业生因实习、找工作不常在学校而管理不便的问题，切实实现对学生的动态管理、立体管理，最大限度地保障正常的教学、科研秩序，为人才培养提供良好的环境。

3. 在高校消防安全管理中的应用

火灾猛于虎，高校消防安全不仅关乎师生生命财产安全，而且是教学和科研工作顺利开展的必要前提。因此，将网格化管理模式引入高校消防管理工作不失为一种切实可行的路径。具体的做法为：以各宿舍、各班级、各实验室为基础成立消防安全三级网格，负责本网格的安全法规学习宣传、设备检查、线路排查等常规工作；以各院系为基础成立消防安全二级网格，通过阅报栏、校园广播、闭路电视、校园网络等媒介进行消防安全宣传；成立专门的消防安全管理工作小组作为一级网格，负责消防安全工作的整体部署和协调，从而实现消防安全管理"横向到边、纵向到底、管理到位"。

4. 在高校学生突发事件管理中的应用

突发事件或突发公共事件涉及领域广、涵盖部门多，因此形成统一协同的应急体制机制是当下管理领域面临的突出难题。突发事件具有不确定性、破坏性、综合性、社会性、突发性和紧急性等特性。在突发事件的爆发前、爆发后、消亡后的整个过程中，高校应用科学的方法对其加以干预和控制，最大限度地发挥管理的作用，尽量使损失降到最低。就高校学生突发事件的管理而言，网格化管理模式在事件报告、事件分析、处置对策、辅助组织制订指挥方案、预测和预警、事件的后期处理等方面具有独特的优势。在事件报告上，高校依托一线学生网格管理员，可以在第一时间以最快速度，通过手机拍照、现场录像等方式将事件及时报送给信息中心。通过网格化管理的网格编码可以迅速获得事件位置、事件性质，同时通过数据的属性、位置，可以在现有的数据库中查找到所有相关的信息，为事件分析提供充足的信息。在处置对策与辅助指挥上，设立在各个楼宇的三级网格员可以制订科学有效的应急方案，如分析现有的消防分布、查找最近的救援部门、分析最佳的救援路径、对道路信息进行分析、及时对道路进行疏导，等等。在此基础上，高校为指挥调度部门提供专业队伍、救援装备、医疗救护、储备物资等信息服务，从而最大限度减少损害，确保学生人身、生命及财产安全。

三、书院制管理模式

（一）书院制学生管理模式的概念

书院制作为高校学生教育教学管理模式，其出发点和目标是提高教育质量、培养优秀的人才，其本质追求是学生自由而全面地发展。教育管理的改革要以学生为本，从学生发展的角度思考问题，书院制的核心就在于坚持"以学生为中心"的教育理念。无论是书院提倡的通识教育，还是欧美国家大学住宿学院倡导的博雅教育，都以"全人"教育为愿景。学生在拥有专业知识的同时，还应当接受通识教育的熏陶，以更好地与社会连接。这仅依靠专业学院是很难实现的，因此将学生的专业学习与素质培养、通识教育、学生事务从管理机制上分开，前者由专业学院承担，后者由书院承担，这是学生培养的一种结构性变革。书院提供完善的生活和学习设施，创设良好的学习和生活空间，实行混合住宿，为各学科专业的学生相互交流学习提供机会和条件，并开展丰富的学生活动。这些特征都与宿舍紧密联系在一起，因而，书院制是以学生宿舍为管理空间和平台，以学生公寓为生活社区，对学生实施通识教育、思想品德教育和行为养成教育等方面教育的一种学生社区生活管理模式。书院的另外一个重要特点是实行导师制，为学生安排辅导员、导师和学习指导员，以更好地指导学生的学习和生活。

对于书院制学生管理模式的概念，目前还没有很权威的说法，不同学者从不同的研究角度对书院制概念进行了解释和定义。这些定义具有一定科学性和合理性，但是也存在着局限，如将书院制定义为实现通识教育（素质教育）和专才教育相结合，力图达到均衡教育目标的一种学生教育管理制度，这一定义就显得比较笼统，未能很好地概括出书院制的特征。有的观点把书院制简单地视为国内高校对欧美大学住宿学院制的借鉴，视角比较片面。书院制是在传承中国传统书院精神，借鉴住宿学院的形式的基础上产生，在文化传承和学生培养目标等方面，两者存在着差异，不应把两者等同起来。

在借鉴诸多观点的基础上，本书将书院制教育管理定义为：书院制教育管理是坚持以学生为中心的理念，在传承中华传统书院精神，借鉴欧美大学住宿学院形式的基础上形成的，以住宿社区为平台，统筹学生事务管理，实行导师制和混合住宿，开展通识教育和多元教育活动，为学生创造良好的学习和生活空间，促进学生全面发展的新型学生教育管理体制。

（二）书院制学生管理模式的特征

1. 实行导师制度，指导学生学习生活

书院实行导师制是为了更好地指导学生的学习和生活，在中国传统的书院中，和谐融洽的师生关系被广泛关注和传承。各所大学书院的导师制度可能存在差异，但一般来说，导师可以基本分为三类，一类是常任导师，主要由专职辅导员担任；一类是学业导师，一般由学校专业学院教师担任；还有一类是兼职导师，一般由具有管理经验的高年级学长或研究生担任。常任导师主要负责日常的学生事务工作，包括思想政治教育、心理咨询、生活指导等；学业导师通过学术讲座、学术沙龙、咨询导航、对话交流等方式，帮助学生解决在学习中遇到的问题，指导学生的课程作业和学术研究等；而兼职导师主要帮助学生解决学习和生活中遇到的比较细节的问题，以学长的角度给予帮助和建议。为了让导师对学生指导有针对性和个性化，通常一位导师带3至5名学生，实行导师和学生的双向选择。书院的部分导师与学生同住书院社区，由于经常性地接触，师生间的感情变得熟络和融洽，老师对学生了解深入，让因材施教成为现实，老师可以根据学生的个性和特质进行更加贴合的指导。在长时间的共处中，导师的一言一行也影响着学生，导师的人格魅力也在潜移默化中传递给学生，导师的学术追求也会感染着学生潜心学习。

2. 实行混合住宿，促进学生交流学习

国内高校是长期按照同学院、同专业、同班级的方式安排住宿的，这种住宿方式便于宿舍的集中管理，宿舍的结构比较稳定。为了弥补传统住宿方式存在的不足，很多书院实行了学生混合住宿。当前各大学书院实施混合住宿的具体方式不尽相同，但大部分书院实行的是同一学科门类不同专业的学生随机混合住宿方式。混合住宿为不同专业的学生创造了相互学习交流的环境，有利于开阔学生的学习视野，促进跨专业、跨领域的交叉学习，激发学生的创新思维和创造能力。互诘式的对话交流是学习的一种有效形式，混合住宿无疑有利于学生之间展开互诘式的对话交流。有观点认为，互诘式对话交流的理性使用可以让学生摆脱专业的假设和束缚，促进学生思维的发散与创新，使其获得广阔自由的发展。同一宿舍的同学作为一个紧密的群体，群体成员之间会产生相互影响，心理学家将这种相互影响称为同伴影响。学生混合住宿让这种同伴影响变得更加丰富多元,当学生在本专业学习中遇到困惑时,其他专业的同学带来的建议可能会帮助自己打开思路。混合住宿有利于扩大学生的交往半径,扩展人际关系网络,帮助学生学会友善地与他人相处,学会沟通时的理解和包容,更重要的是学会从不同角度去审视和思考问题。

3. 完善住宿功能,优化学生生活社区

书院制学生管理模式是以学生宿舍为载体展开的,书院一般具有完善的生活基础设施。书院制生活社区一般设有宽敞明亮的餐厅,提供营养均衡、干净卫生、口味丰富的餐饮,布置优雅的用餐环境,方便书院师生用餐。宿舍设有独立卫生间、洗漱间,有简单实用的家具,有的安装了空调和暖气,可以连接互联网,24小时供应热水和饮用水。很多书院的宿舍楼内设有自助打印机、自动洗衣机、烘干机、生活药箱等公共设施和用品。在提升书院社区教育功能方面,书院设有图书馆或图书室,为学生提供阅览和借阅服务,藏书根据书院不同特色,在专业领域方面会有所侧重,如我国香港中文大学新亚书院以弘扬中华优秀传统文化为特色,关于中华文化方面的藏书就比较丰富。书院为了拓展学习空间,开设学习室用于学生自习,开设讨论室方便学生交流讨论。为了丰富学生的生活,书院还设有运动健身室、文化活动室、音乐房和咖啡厅等,方便同学间的日常交往,同时学生还可以利用这些设施锻炼自己的个性和提升才华。有的书院配置导师的休息室和生活区,以便于师生间的日常交流。有的书院还建有花园或小公园,创造休闲、怡情的优美环境,也可用来举办户外活动。书院的标志性建筑也成了隐性教育的素材。

4. 开展文化活动,丰富学生课余生活

丰富多彩的文化活动是书院的重要特征之一,它起到了增长学生的知识、展现学生的才艺、发挥学生的个性等作用,让学生的课余生活变得丰富和充实。梳理书院的学生文化活动,可以主要划分为三类:一类是学术文化类活动,包括学术讲座、学术沙龙、读书会、科技竞赛、校外交流等,如香港中文大学新亚书院钱宾四先生的学术文化讲座、汕头大学至诚书院的至诚·和君讲坛等;一类是文体活动,书院经常举办诸如音乐会、文艺晚会、舞蹈表演、体育运动会、诗词朗诵会等活动,学生在活动中可以充分展现自我的天赋和才华,如西安交通大学彭康书院为了增强学生的体质，还开展了集体早操等文体活动；一类是社会实践活动，书院为了增强学生的社会实践能力，开展假期社会实践、社会调查、环境保护、户外拓展训练、公益志愿服务等活动，锻炼了学生的实践能力，同时也增强了学生的社会意识。此外，有的书院还举行师生午餐会、创意分享会等活动。为了推动学生活动的开展，书院还会制订活动计划，成立社团组织，为活动开展提供支持，不断提升活动的质量和内涵。

（三）书院制学生管理模式的现实依据

1. 社会发展对教育提出新要求

教育发展与社会的经济发展、政治文化有着密切的关联，社会发展水平制约着教育的发展进程，教育发展同时也发挥着推动社会变迁的功能。随着社会经济增长对知识的生产、扩散和应用的依赖程度进一步提高，社会进入了知识经济时代，经济发展需要优质的教育提供智力支持。国民经济和社会发展规划中将"创新"作为五大发展理念的首条理念，而创新需要依托高素质人才，高素质人才的培养需要依靠优质教育来实现。当前，我国经济发展方式正从依靠要素驱动向依靠创新驱动转变，我国正处于经济发展方式转型时期，需要培养一大批符合新型经济发展需要的创新型、复合型高素质人才，这是教育需要面对的新课题。不仅如此，随着经济全球化的进一步发展，世界各国的联系更加频繁，为了适应全球经济发展的潮流，教育应当在培养学生国际素养方面给予关注。更重要的是，我们正处于21世纪"知识时代"，在知识社会里，教育应该培养学生具有什么样的素养，以适应这个社会发展的需要，这是教育管理最应关注的课题之一。

高校在培养人才的过程中，要回应当前社会经济新常态对人才培养提出的新要求，要围绕21世纪知识社会人才应当具备的核心素养展开教育教学改革，书院制学生管理模式就是在此情景下的一种回应。在社会发展对人才培养提出的新要求下，书院坚持专业教育与通识教育均衡发展、培养全面发展人才的教育理念。书院制通识教育的开展，让学生在学习专业知识和技能的同时，也能够获得一般的文化素养，培养学生对于社会事物的普遍性感知能力。为了让学生拥有良好的团队协作能力，能够与他人建立起良性关系，学会以恰当的方式处理解决与他人的冲突，书院在实行学生混合住宿方式的同时，营造良好的生活氛围，建立起一个有利于培养学生社会交往能力的环境。在教育内容方面，书院朝着多元化的方

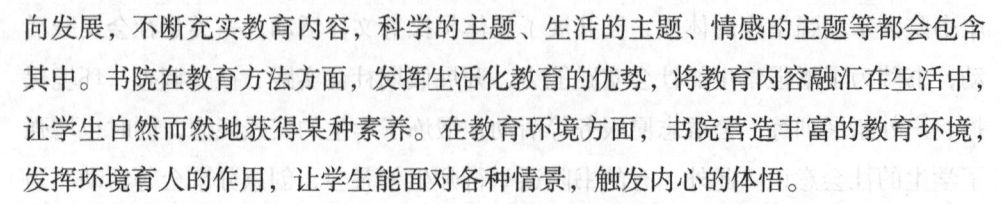

向发展，不断充实教育内容，科学的主题、生活的主题、情感的主题等都会包含其中。书院在教育方法方面，发挥生活化教育的优势，将教育内容融汇在生活中，让学生自然而然地获得某种素养。在教育环境方面，书院营造丰富的教育环境，发挥环境育人的作用，让学生能面对各种情景，触发内心的体悟。

2. 学生主体发展提出新的要求

在教育活动中坚持学生的主体地位，充分发挥学生的主观能动性，促进学生主体自由全面地发展，已成为教育工作者的共识。他们围绕如何培养学生的主体性、基于学生主体性进行教育教学创新等问题展开了不少研究。主体的哲学意思是指对客体有认识和实践能力的人，而主体性是指人在实践过程中表现出来的能力、作用、地位，即人的自主、主动、能动、自由、有目的地活动的地位和特性。虽然在教育教学活动中应当坚持学生的主体地位，然而在教育实践中，教师会发现学生的主体地位不同程度地被忽视，存在着应然与实然之间的较大差距。长期以来，高校培养学生的目标性比较强，在教学活动中往往设置了预设性目标，将学生简单地作为知识的接受者，在教学中倾向于将静态的知识经验传授给学生，而没有很好地鼓励学生去观察和思考知识的意义和发展逻辑，忽视了学生构建知识的主体性；在学生管理方面，高校一般通过科层式学生管理组织对学生进行集体化管理，强调整齐统一的管理方式，在管理过程中多以禁止性规定约束学生，这种方格化的管理使学生的个性得不到施展，学生的主体性诉求得不到表达；在学校的文化氛围中，有些学生对知识的学习附带着"利欲"色彩，学习的内容以通常意义上的"有用"为主，学生的主体价值追求受制于专业技能学习带来的"利益"。

面对教育现实中学生主体发展的失落，如何让学生的主体性得以自由发展，书院制学生教育管理模式给予了回应。从书院的教育理念到具体运行，该模式都充分考虑到了学生的主体发展需要。书院制"以学生为中心"的教育管理理念，就是把学生的主体发展作为书院教育的出发点，将书院建设成有利于学生主体性生成的生态环境。学生的主体性不能依靠单纯的知识传授来获得，而是需要在各种实践活动中培育，在学生与各种事物的交互与交往中生成。书院也基于学生主体的发展实践和交往需要，通过学生混合住宿增加学生的交流，在导师制度的安排下营造学生与教师融洽的交往氛围，教师不再将学生当作知识接受的客体，而是当作构建知识的主体，进行面对面的对话。

在书院的学生管理工作中，奉行的是一种引导性的"理顺"，而不是强制约束性的"管制"，在宽松的管理环境中，学生的主体诉求也能得到自由的表达，学生管理工作者也能给予积极的回应。在学生管理中，学生不是单纯的被管理客体，同时作为管理主体充分发挥主观能动的作用。书院让学生积极参与学生事务管理，学生在这个过程中学会自我管理、自我服务和自我教育，从而促进其主体性的发展。由于社会外界环境对学生影响越来越深刻，学生主体性的发展也呈现出多元化，特别是信息技术的发展推动了学生的学习从线性向非线性转变。非线性学习具有学习时间的碎片性、学习空间的多样性、学习内容的离散性、信息传递的拖拉性以及知识建构的主动性等特征。而书院制能够更好地适应这种非线性学习的转变，由于学生除了上课时间，很大部分时间都在住宿社区，书院就可以利用零散时间开展一些教育活动。对于适应学习空间的多样性，书院可以通过圆桌讨论、小组学习、线上信息共享等方式来实现。总之，书院制学生教育管理模式面对多变的外界影响，能够更加灵活地适应发展的需要，更好地促进学生主体的发展，通过提升学生的主体性，作用于学生的内心世界，让学生能够以自己的方式构建自身的知识体系和完整的自我。

第四节　高校学生管理的队伍建设

一、高校学生管理队伍建设存在的问题

（一）学生管理队伍缺乏稳定性

高校的学生管理工作由在编教职员工兼任或外聘合同工负责。对于生活成本而言，班主任津贴只占在编员工薪酬的10%，而外聘班主任的报酬是固定的，金额较为有限。就个人成长方面而言，内部聘用的员工有机会评定职称、获得行政晋升，而外聘的班主任则没有这种机会。从社会接受程度方面来看，这两者之间存在着明显的差异。由于受到晋升机会、职称认定、个人发展等方面的影响，学生管理人员缺乏发展前景，工作稳定性欠佳，这给学生管理工作带来了消极影响。

（二）学生管理人员专业化水平不高

学生管理人员的选拔通常会考虑其政治态度、奉献精神等方面，但对于学生管理的相关知识领域，如哲学、管理学、社会学、法律等并没有具体规定。许多学校管理人员在获得管理岗位后，会通过参加各种短期培训获取相关职业资格证书，但有些人尚未意识到专业认证的重要性。因此，学生管理团队虽然在实践方面经验丰富，但缺乏专业人才和理论知识储备，这也在一定程度上影响了学生管理的专业发展。

（三）学生工作职责不明，任务繁杂

学校的工作以学生为重心，包括教学、保安、后勤、财务、招生就业、党团发展等多个方面，在学生管理范围内涉及的工作较为广泛，因此工作人员的任务繁重、复杂。尽管教育部相关文件规定高校辅导员需要在思想政治辅导方面发挥作用，引导学生进行思想政治教育，但学校对辅导员的具体职责并未明确规定，导致他们主要致力于学生的日常管理和事务工作，未能充分发挥自身潜力，展现出应有的能力。

二、对学生管理队伍建设的建议

（一）建设职业化管理队伍

高校应该将学生管理人员纳入师资队伍，并参照教师的标准对其编制和职级进行认证。此外，需要建立一个针对非教职和管理人员的雇佣体系，进行管理资格认证并制订从业标准，以确保学生管理工作的合法性。

（二）加强专业化人才培养

从事学生管理工作的教师需要在文化修养和行政管理技巧方面具备一定的素养。一般而言，初级职位需要具备教育学、管理学等相关领域的知识背景，同时需要获得心理咨询师和就业指导师的资格；中级职位需要拥有相关领域的硕士学位或更高学历，并且具备法学、行政学、社会学等相关学科的知识；高级职位需要有更深的跨学科知识。建设学生管理队伍还要建立学生管理人员的岗位培训和进修制度。员工在准备开始工作之前，必须参加系统化和专业化的岗位培训，并取得相应的资格认证,以培养对工作的热情和专注。在职之后,需要经常接受培训,持续增强员工的专业能力、政治意识和管理技能。培训和进修应切勿直接灌输理论,而是紧密结合工作实际,以便有效地指导工作。

(三)完善系统化管理手段

搭建一个有序的管理机制,以学生为核心,优化学生管理系统,简化一卡通的操作流程,以提供更便捷的学习和生活环境,并有效提升学生信息管理的效率。通过建立学生法律咨询机构,可以提高学生对法律问题的认识,为他们提供法律支持和保护,从而促进学生自主管理和服务。针对不同工作特点采取灵活的策略,诸如实行"窗口化办公"、设立咨询热线和设立现场办公点等方法,以提升工作效率和质量。

总体而言,高校学生管理团队的建设主要体现在两个方面。第一个方面,高校目前对学生管理工作人员的培训和管理要更加注重专业技能和职业素养的提升,这是当前高校学生管理发展的主要方向,也是对该领域人才的认可和重要性的体现。第二各方面是改进和加强学生的工作方式,这有助于提高工作效率。只有遵循正确的价值观念,依靠科学的体系保障,学生管理团队才能实现长期稳健发展,并焕发出新的活力和生机。

第三章　学生心理与教师心理分析

教育应关注学生心理健康，强化学校心理辅导，提高教师心理素质，促进家长参与。本章为学生心理与教师心理分析，一共分为四部分内容：学生的认知发展与个体差异、学生的心理适应、教师的角色属性与素质、教师的威信与师爱。

第一节　学生的认知发展与个体差异

一、学生的认知发展

（一）皮亚杰的认知发展理论

1.建构主义的发展观

皮亚杰在他的发生认识论（主要是研究人的认识，包括认知、智力、思维、心理的发生和结构）的基础上，将生物学的原则和方法引入人类发展的研究中，形成了迄今为止极具影响力的儿童认知发展理论。他的发展理论体现了建构主义思想。在皮亚杰看来，儿童发展在很大程度上依赖于其对周围环境的操纵以及与周围环境的积极互动。皮亚杰认为个体与周围环境互动的建构过程促进了其内部心理结构的不断变化。这种变化不是简单地在原有信息的基础上加工新的事实和思想，而是涉及思维过程质的变化。皮亚杰提出心理发展的结构问题，他首先认为心理结构的发展涉及图式、同化、顺应和平衡这四个概念。

皮亚杰认为智慧是有结构基础的，而图式就是其用来描述智慧（认知）结构的一个核心的概念。那么什么是图式？皮亚杰认为：图式就是动作的结果或组织，这些动作在相同或类似的环境中由于不断重复而得到迁移或概括。个体为什么会对环境因素的刺激作出不同的反应？这是因为每个个体的图式不同，以不同的内在因素去同化这种刺激，作出不同的反应。图式最初来自先天遗传，之后个体在适应环境的过程中，图式被不断改变、不断地丰富起来。对初生婴儿来说，他们天生就有吸吮、啼哭、视听、感知、抓握等多种能力，这是人的本能行为。这些行为模式，亦被称为先天遗传图式，共同构建了婴儿初始的智力基础。随着儿童的成长及身体机能的逐步成熟，在与外部环境的持续互动中，儿童会运用同化、顺应及平衡等机制，推动其智力图式不断演变与优化，不断调整和丰富自身的认知结构，从而实现智力的发展。

环境的变化会引导生物有机体产生相应的行为调整，以适应新的环境要求。这种适应过程并非简单的被动反应，而是生物体内部结构主动进行的一种建构过程。在此过程中，生物体通过同化和顺应两种机制，不断优化其适应环境的能力，并在与环境的互动中不断发展与进化。以婴儿学习抓握为例，在面对床上的玩具时，婴儿会不断地尝试通过抓握动作来得到玩具。即使当婴儿独自一人，玩具距离较远且手无法直接触及，但视线仍可触及的情况下，婴儿依然会运用抓握的动作，尽力接近并尝试获取玩具。这种行为模式便是同化过程，它反映了婴儿具有运用以往经验处理新情境（即远处的玩具）的能力，即通过已有的认知结构对外界刺激进行有效整合。同化仅仅是数量层面上的增减变动，无法触动图式根本或催生创新。而顺应，则是指当同化性的图式或结构在与所同化的元素互动过程中，受到其深刻影响而发生的转变。这一过程体现为主体主动调整自身动作，以适应外界环境的变化；也可以理解为调整认知结构以应对新的信息输入，顺应质量上的变化，促进创立新图式或调整原有图式。

在面对复杂多变的问题情境时，若现有认知结构无法有效应对，便会出现皮亚杰所谓的"不平衡状态"。在此状态下，个体会本能地寻求各种策略以调整这种不平衡，从而追求新的认知平衡。皮亚杰指出，心理发展的实质在于个体如何通过与环境的顺应和同化，逐步构建并优化自身的认知结构，推动认知的持续发展。这一过程在平衡与不平衡的交替中持续进行，凸显了认知发展的动态性和适应性特征。

2.影响个体发展的因素

关于影响心理发展的因素，皮亚杰提出了四个基本因素，它们分别是成熟、练习和经验、社会性经验、平衡化。

（1）成熟

成熟是指机体的成长，特别是神经系统和内分泌系统的成熟。皮亚杰认为，在智力的成长过程中，成熟不是决定条件，神经系统的成熟只能决定某一给定阶段的可能性与不可能性，环境因素对于实现这些可能性来说始终是不可或缺的。

（2）练习和经验

练习和经验是指个体对物体施加动作过程中的练习和习得的经验（它不同于社会性经验的作用），可以分为物理经验和逻辑数理经验两种。物理经验是指个体作用于物体，获得有关物体特性（如体积、重量等）的信息。例如，儿童通过触觉、视觉、听觉等从物体中抽取出来的关于物体的重量、物体的颜色、物体表面的光滑程度、声音的高低等信息，以及木块浮在水面上、水可以结成冰等经验。而逻辑数理经验是指理解动作与动作之间的相互协调的结果。例如，儿童将10颗糖果排成一排，那么从左往右数或从右往左数都是10颗，然后他又把它们摆成圆形或其他形状，数起来都是10颗，于是他就可以得到"数量与顺序无关"的经验。这种经验是通过主体作用于客体的动作以及动作间的相互协调结果所获得的。因此，皮亚杰认为，知识来源于主体的动作，而非来源于物体本身。

（3）社会性经验

社会性经验是指社会环境中，人与人之间的相互作用和社会文化的传递。社会环境因素对个体发展的影响是显而易见的，因为发展的进程会受到儿童所受的文化教育和所处的社会环境差别的影响，从而加速或推迟发展。但是，发展的次序具有连续性这一事实又充分说明，社会环境因素不是个体发展的充分因素，社会环境因素与物理经验一样，它们必须建立在能够被主体所同化的基础上才能对主体发挥作用。

社会环境因素主要涉及教育，语言等方面。当我们强调经验因素在促进儿童思维发展中的作用时，实际上已经蕴含了对教育的重视。因为系统的教育可以使儿童更好地感受外在的事物，获得经验（物理的和逻辑数理的）。也正是因为这一点，教育才能促进儿童智慧的发展。后天的良好教育能在一定程度上加速思维的发展，但并不能超越或改变发展的顺序，即使是天才儿童也不例外。皮亚杰还十分强调，教育必须切合儿童的认知结构。

（4）平衡化

平衡化是指个体在与环境相互作用过程中的自我调节。这种平衡过程对心理发展的上述三种因素（成熟、练习和经验，社会性经验）起到调节作用，并且这种调节表现出定向性的特点（即朝着一定的方向发展）。平衡化的过程不能归结为单独由遗传或成熟而来，也非预先制定的东西，皮亚杰既反对经验论，又反对先验论，而是提出了建构论，认为新结构或新知识的形成过程实际上是一种建构的过程。当个体的认知图式遭遇新的知识经验而无法将其同化时，心理成熟将陷入一种失衡状态。然而，正是这种失衡，促使个体寻求新的平衡。每一次由失衡到平衡的跃迁，都伴随着认知结构的深刻变革。通过失衡与重新平衡的不断循环，个体的认知结构得以不断地更新和完善。这不仅使个体能够更好地吸纳新的知识和经验，还推动其智力水平不断迈向新的高度。

（二）维果斯基的发展理论

维果斯基是苏联教育家和心理学家。20世纪30年代，他从批判关于人的心理及其发展的生物学观点出发，主张把历史研究作为建立人类心理学的基本原则，提出了心理发展的文化历史理论。该理论认为，人的高级心理机能是社会历史的产物，受社会规律的制约；人类社会对人的心理发展、社会交互作用对人的认知发展都起着重要的作用。此外，维果斯基与列昂节夫、鲁利亚等人形成了极有影响的历史学派，被称为维列鲁学派。

1. 文化—历史发展理论

维果斯基从种系和个体发展的角度出发，分析了心理发展的本质，提出了文化—历史发展理论，以此来解释人的高级心理机能的社会历史发生问题。

维果斯基区分了两种心理机能：一种是作为动物进化结果的低级心理机能，是个体早期以直接的方式与外界相互作用时表现出来的特征，如基本的知觉加工和自动化过程；另一种是作为历史发展结果的高级心理机能，即以符号系统为中介的心理机能，如记忆的精细加工。正是这种高级心理机能，解释了人类心理本质上与动物的不同。在个体心理发展的过程中，这两种机能是融合在一起的。高级心理机能的实质是以心理工具为中介，受社会历史发展规律制约的。

维果斯基认为，人们对工具的使用给人们带来了新的适应方式，即物质生产的间接方式，而不像动物那样以身体的直接方式来适应自然。在人类的工具生产中凝结着人类的间接经验，即人类社会文化知识经验，这就使人类的心理发展规律不再受生物进化规律所制约，而受社会历史发展的规律所制约。然而，劳动工具本身却不属于心理领域，并不能进入心理过程，但是在物质生产基础上产生的人与人相互交往的方式和社会文化发展的产物——各种符号系统，从根本上改变了人的心理结构，形成了人类特有的、高级的、被中介的心理机能。

在这个基础上，维果斯基认为，儿童一切复杂的心理活动的形式都是在交往过程中形成的，是各种社会性活动相互作用、不断内化的结果。心理发展最重要的因素是掌握凭借词语传递的全人类的经验。儿童的知识、思想、态度、价值观都是在周围人们（尤其是成人）的帮助下发展起来的。

2.心理发展的本质

维果斯基认为，心理发展是指一个人的心理（从出生到成年）在环境与教育的影响下，从低级的心理机能逐渐向高级的心理机能的转变过程。

心理机能由低级向高级发展的标志是什么？维果斯基认为有四个主要的表现：（1）心理活动的随意机能；（2）心理活动的抽象——概括机能，也就是说各种机能由于思维（主要是指抽象逻辑思维）的参与而高级化；（3）各种机能之间的关系不断地变化、组合，形成间接的、以符号或词为中介的心理结构；（4）心理活动的个性化。维果斯基强调个性特点对认知发展的影响。个性的形成是高级心理机能发展的重要标志，个性特点对其他机能的发展具有重要的作用。

3.维果斯基的理论对教学的影响

（1）维果斯基提出的搭建支架为支架式教学理论提供了基础

支架式教学的要点在于：①强调学生在老师的指导下的发现活动；②教师的指导成分逐渐减少，将监控学习和探索的责任由教师向学生转移。因此，在运用支架式教学时，要保证提供的支架一直使学生处于其最近发展区内，在学生能力有所发展的时候，随着学生认知发展的变化而进行调整。同时，为了更好地形成学习者的认知冲突，实现有效教学，教学支架既不能太难，又不能太容易。教师常常在学生学习有一定挑战性的内容时使用教学支架。

（2）教学是交互作用的动力系统

按照维果斯基最近发展区的观点，教师必须在教学过程中给学生提供处于最近发展区的并且难度适当的学习材料。而最近发展区是一个动态的区域，因此，教师必须获得有关学生发展的反馈。

（3）维果斯基的理论对学习也有一定的指导作用

合作学习强调同伴交往在完成任务过程中的作用，在合作学习的模式下，学生会有意识地模仿专家或同伴的行为来思考并完成具体的任务。在合作的社会背景下完成任务时，学生会对运用的心理策略进行明确或不明确的模仿、证明和辩论，情绪、动机、个性等心理要素会以直接或间接的方式影响学生的学习。因此，教师要尽量组织、安排能力水平不同的学生进行合作学习。维果斯基的理论在情境认知理论及教学模式中也有一定的应用。

二、学生的个体差异

（一）个体的智力差异

智力的概念极为复杂，研究者倾向于将智力定义为：一种从经验中学习的能力和适应周围环境的能力。同时，智力还涉及个体对自己思维过程进行理解和控制的元认知能力。较为普遍的观点是将智力看作目标导向的适应性行为，但是智力是单一、广泛的能力，还是存在多种能力，是学界长期以来争论的一大焦点。

1. 经典智力理论

（1）斯皮尔曼的智力二因素理论

英国心理学家斯皮尔曼在因素分析的基础上，于1927年首先提出了智力的二因素理论。他认为，智力是由一种单一的g因素（一般因素）和一系列的s因素（特殊因素）构成，而完成任何一种因素都必须依靠这两种因素。他认为：g因素是智力的首要因素，基本上是一种推理因素，在相当程度上是遗传的；s因素有五类，即口语能力、算数能力、机械能力、注意力和想象力，此外，还可能有第六种因素，即心理速度。他指出，每个人的g因素和s因素的得分呈正相关，几乎在所有的测试中，有些人得分很高，而有些人则总是居中，还有些人总是得分很低。这种不同测验得分之间所存在的一致性为g因素提供了依据。有时，同一人在有些测验上却比在另一些测验上得分高，这又为s因素的存在提供了依据。但是，一般因素与特殊因素是相互联系的，其中一般因素是智力结构的关键和基础。

（2）卡特尔的晶体智力与流体智力理论

20世纪50年代，美国心理学家卡特尔等人认为，g因素无法为智力提供足够的解释，他们在因素分析中发现了前人没有注意到的一个重要事实：一般智力因素不是一种，而是两种，即流体智力和晶体智力。流体智力是指与基本心理过程有关的能力，如知觉、记忆、运算速度和推理能力等（它排除了文化因素）。因这些能力几乎可以参与一切活动，因而被称为流体智力。晶体智力是经验的结晶，它是在一定的文化背景中习得的，是流体智力应用的结果，如在学校学习获得的词汇能力和计算能力等。在卡特尔等人看来，流体智力大多是先天的，依赖于大脑神经解剖结构，不太依赖于学习，而晶体智力则依赖于后天的学习和经验。这两种智力通常被包含在任何智力活动中，难以分开。流体智力随生理成长而变化，随着机体的衰老而衰退，在14岁左右达到顶峰，然后就逐渐下降。相比之下，晶体智力的衰退要缓慢得多，它随年龄的增长而不断增长、保持，直到60岁才开始缓慢衰退。

2. 现代智力理论

（1）加德纳的多元智力理论

美国心理学家、哈佛大学教授加德纳认为，人有七种智力：言语智力、逻辑数理智力、音乐智力、空间智力、身体动作智力、人际智力和自省智力。他还认为，人的智力除这七种外，还有自然智力、精神智力和存在智力。前面的八种智力都有经验证据的有力支持，而后两种智力的证据支持稍显薄弱。虽然加德纳对智力的划分带有传统智力理论的一些痕迹，但相比较而言，他是在更为宏观的水平上进行划分的，并且更多的是从各专门领域所需专长角度来研究智力的，因而也与当代认知心理学有着密切的联系。

根据加德纳的观点，每个人或多或少都拥有上述八种能力，不同的人在有些智力上表现出高水平，而在有些智力上则表现出低水平，这些智力能够用来解释不同个体的能力差异。加德纳等人认为，社会和学校教育仅重视言语智力和逻辑数理智力，而对其他类型的智力关注较少。如果要全方位发展学生的各种智力，学校应从其他类型智力的角度来激励学生并为学生提供更多获得成功的额外机会。

（2）斯腾伯格的智力三元理论

美国耶鲁大学斯腾伯格教授通过"成分分析"的方法，力求从类推、系列问题等复杂任务来理解智力，在大量研究的基础上，于1985年提出了智力三元理论。该理论由三个亚理论组成：情境亚理论、经验亚理论和成分亚理论。斯腾伯格教授分别对智力行为发生的外部环境、智力行为的内部与外部的中介和智力行为的内部认知过程等方面进行了分析研究，这三个亚理论的结合描绘出一个较为全面的智力构成图。

①情境亚理论

情境亚理论将智力与个体的外部世界相联系，它针对的是这样一些问题，哪些行为对个体而言是智慧的表现，这些行为在何处才显示出智慧？情境亚理论明确了智力行为在其发生的社会文化环境中是如何被定义的，明确了哪些行为体现了智慧特征或构成了智慧行为的内容。斯腾伯格认为，情境智力行为包括三个方面的内容：对现实环境的适应；对更优环境的选择；改造现实环境，使之更适合自己的能力、兴趣或价值取向。也就是说，在任何社会文化背景下，聪明的个体总是努力去适应、选择和改造有利于自身发展的环境。

②经验亚理论

经验亚理论将个体与内、外部世界均联系起来，回答了"行为何时才是智慧的"这一问题。经验亚理论表明在某项任务或情境中，智力与经验量之间的关系。斯腾伯格认为，当个体面临一个相对新异（但非完全）的任务或情境时，或在特定任务或情境的自动化操作过程中，其智力才能很好地表现出来。因此，不能将对一个任务或情境的应对简单归类为需要或不需要智力，而应当考虑对该任务或情境需要智力多大程度的参与，而这取决于个体具有多少关于该任务或情境的经验。

③成分亚理论

成分亚理论将智力与个体的内部世界联系起来，回答了"智力行为是如何产生的"问题。成分亚理论明确了构成智力行为的心理机制，而不论其行为的内容。成分亚理论是智力三元理论的核心，是对构成智力行为的内部（认知）结构和机制的刻画。斯腾伯格指出，成分亚理论中有三种成分：第一，元成分，它控制信息加工过程，并使个体监督和评价这一过程；第二，操作成分，它执行元成分构建的计划；第三，知识获得成分，它进行选择性编码、联结新信息，并选择性地比较新信息，使个体学习新信息。从本质上来讲，元成分是一种策略构造机制，支配操作成分和知识获得成分，并对两者进行协调，使之指向一定的目标。因此，斯腾伯格认为元成分是构成智力的主要基础，并以"元成分功能落后"来解释个体智力落后的表现。

（二）能力发展的个体差异

能力是指个体顺利、有效地完成某种活动所必须具备的心理条件。学习也离不开个体能力的发展，能力的种类很多，按照不同的分类标准，会产生各种各样的能力。例如：按能力的结构划分，可以把能力分为一般能力和特殊能力；按能力与先天禀赋和社会文化因素的关系划分，可以把能力分为流体能力和晶体能力；按能力所涉及的领域划分，可以把能力分为认知能力、操作能力和社会交往能力；按能力的创造程度划分，可以把能力分为模仿能力、再造能力和创造能力。

1. 能力发展水平的差异

能力发展水平有高低的差异，但就全人类来说，个体的能力差异呈正态分布。智商的分布是两头小，中间大。虽然智力并不能代替个体能力，但是智力是个体能力最重要的组成部分。在某种程度上来说，智力就是能力。

另外，能力不是个体学习活动中的知识和技能，但能力与知识、技能有着密不可分的联系。能力是个体掌握知识和技能的前提，决定着个体掌握知识和技能的方向、速度、巩固的程度和所能达到的水平。因此，在教学活动中，教师要根据学生的接受能力来开展活动、教授知识、调整教学方法。

2. 能力类型的差异

人们在能力的不同方面所表现出来的差异也是很大的，包括感知力、想象力以及特殊能力等方面。例如：有的人听觉灵敏，有的人视觉发达；有的人记忆力强，有的人想象力强；有的人善于分析，有的人善于综合；有的人音乐能力强，有的人乐于绘画。一个富有成就的小说家和数学家，难以比较谁比谁更具有能力，因为小说家可能上学时数学不及格，数学家叙述一件事时可能干巴巴，更谈不上说得生动了，让数学家写小说大概不会受到读者的欢迎。

3. 能力发展早晚的差异

有的人很早就表现得非常聪明，能作曲、能写诗，有极强的运算能力，人们常把这种儿童称为"早慧""神童"；有的人则大器晚成，人到中年甚至晚年才创造出成果。不管是早慧还是大器晚成，都是个体发展的差异表现。在教育过程中，教师要善于发现不同个体的能力差异，因材施教。

(三）社会文化背景及性别差异

1. 社会文化背景差异

（1）文化及其差异

人们对文化的定义存在很大差异，尤其是广义的文化。但是，文化的大多数定义都包含这样一层意思：文化包括引导某一特殊群体行为处事的知识、规则、传统、信仰和价值观。群体是文化的创造者，文化在个体之间传播交流，每个人都是某个群体的成员。人群可以根据不同的标准划分，例如地域、性别、种族、国籍、信仰、阶级等。每一个人都可以同时属于不同的群体，受不同群体文化的影响，有时不同群体的文化对同一个人的影响是不相容的甚至是冲突的。另外，每个人的信仰取决于对自己所属群体的认同感的强烈程度。在古汉语中，"文化"是一个动词，指的是"文治教化"，即对社会个体进行教化，将社会期许的价值观、态度、信念、行为方式传达给个体。文化对个体的教化是潜移默化的，但是它的影响却是根深蒂固的。教育是"文治教化"的载体，所以需要关注文化因素。

不同地方的人在衣食住行方面的差异就是文化的差异。文化差异不仅存在于民族或国家之间，也存在于同一个国家社会内部不同的群体之间。例如，对于在中国西部山区长大的孩子和在东部沿海地区长大的孩子来说，由于周围的地理环境不同而造就了不同的文化环境，因此他们存在很大的差异。即使生活在同一个城市，工人家庭中的孩子和干部家庭中的孩子也是生活在不同的文化环境中的。

文化差异是普遍存在的，但并不是所有的文化差异都是显而易见的。大多数情况下，文化间的差异非常微妙、不易察觉。文化越是含蓄和隐秘，就越难以识别和改变。所以，当不同文化间的差异难以识别时，就会导致误会的产生。因此，大多数的文化冲突都源于隐秘、难以发现的文化差异。

儿童在进入学校时，由于受种族、社会经济地位、宗教、方言、地域、性别以及其他群体认同感和经验的影响，他们已经吸收了其成长环境中的各种各样的文化，如语言、信仰、态度、行为方式以及饮食偏好等。他们在特定的文化背景下形成的许多行为对课堂教学具有重要的影响。因此，了解学生的文化背景对有效教授学业内容，帮助学生建立学校所期望的行为等具有重要作用。值得注意的是，学校和教师在考虑文化差异产生的原因时，有两点需要谨慎对待：①将社会阶层、种族和性别等因素分开进行考虑；②在多元文化教育中，尽管性别、种族、阶层和宗教等群体变量能够提供个体行为的重要线索，然而这些变量并不能用来预测行为。

（2）文化刻板印象

在生活中，我们经常会听到"用有色眼镜看人"等类似的话语，这就是刻板印象的典型表现。刻板印象指的是人们对某个特定的群体（以宗教、性别、民族或地域划分）或事物产生的比较固定、概括而笼统的看法。刻板印象会通过影响学生的自我概念、自我意识，从而影响学生的价值观、态度、动机、学习期望及其他行为方式，从而影响学生的学习成绩。学生往往存在着刻板印象威胁，即学生个体因自己在学业情境下的表现可能会证实人们对他所持的刻板印象而怀有额外的情绪和认知负担。具体而言，就是教师对学生所持有的刻板印象会从两个方面对学生产生长期或短期的影响。一方面，刻板印象会影响教师对学生的期望，而教师对学生的期望和行为会导致学生成为教师期望他所成为的那种人。因此，在教学中，教师要竭力避免刻板印象，保证公平、公正地对待学生。另一方面，当把个体置于刻板印象情境中时，会给他增加额外的情绪和认知负担，这种负担可能来自于他们要让自己迎合这种刻板印象，也可能来自于个体要证明这种刻板印象的不正确性。

短时期内，个体由于害怕自己会应验负面的刻板印象，而产生考试焦虑，从而影响学业成绩。另外，负面的刻板印象随着时间的积累会导致认同错位。当因学业失败而产生的刻板印象给学生带来太大压力时，学生会使用一些消极的策略来维护自己的学业自尊心。久而久之，他们会把自己和学业成功对立起来，甚至认为学习是一件非常"不酷"的事情，也不愿意为学习付出努力。

社会文化中刻板印象十分普遍，教师需要寻求积极的解决方法，克服刻板印象的消极影响。教师在教学中要避免两类文化误区：①文化的形成有其特定的历史背景和条件，条件一旦改变，文化的适宜性就会随之改变，甚至完全失去其存在的根基，这时不可让原有的文化刻板印象影响教学；②对待来自不同群体文化（如城乡学生）的学生个体，不能存在本体文化的优越感，而歧视客体文化。

2.性别差异

（1）性别角色的差异

"性别"在英文里的表达方式除了"sex"，还有"gender"，它们具有不同的含义。"sex"是生物学概念，指的是第一性征和第二性征，是由染色体和激素决定的；"gender"则是心理文化上的概念，指第三性征，通常指特定文化所认定的适于男性和女性的心理特质和行为方式。从性别的这两种表达方式可以看出，性别差异的形成需要一定的生物遗传学基础，但更重要的是它还受社会规范和期望的影响。可以说，性别差异是自然、社会和心理多种因素整合作用的结果。大量的研究表明，不管生理的差异有多大，男性和女性之间的许多差异都是与个体早期不同的社会化经历有着密切的关系。

（2）智力和学业的性别差异

人们对智力的性别差异的问题争论已久，但至今没有一个研究者敢负责任地声称：在智力测验上，性别间的差异远远大于性别内的差异，也就是说，在某些方面即使存在性别差异，这些性别差异也非常小，不会产生实质性的影响。大多数研究表明，从婴儿期到学前，男孩和女孩在综合能力和具体能力上并没有差异。然而，在一些具体的能力测试中，测试结果表明性别之间存在显著差异。例如：从小学到高中，女生在阅读和写作考试中获得的分数普遍要高；而在常识、机械推理和心理旋转等测验中，男生比女生得分高；在注意力和计划任务测试中，女生比男生得分更高。

（3）教育中的性别偏向

男性和女性之间的许多行为差异源自他们之间不同的生活经历，其中包括成人对不同类型行为的强化，而社会对个体的期望和要求所造成的性别差异更为重要。社会的期望和要求会通过影响个体的学习态度、学习期望，从而进一步影响到个体的学习成绩。

学生一生都在持续进行着性别角色的社会化，即接受并作出被社会认定的性别角色行为。学校教育中的性别偏向也影响着这种社会化过程。大量的研究表明，教师在对待男生和女生时存在差异。男生往往受教师的关注要多于女生，从学前到大学，女生受到关注的时间要比男生少1800小时，特别是在数学和化学等学科中，这种现象表现得尤其突出。尽管教师这种性别区别对待的行为也许是无意的，但教师的一言一行对学生的影响却十分深远。

教育内容中广泛存在着性别偏向的问题。例如，即使按照社会性别公平化的标准所编写的教材，也往往还存在着微妙的语言偏向。故事中的男性人物居多，而且这些人物所承担的角色也在说明了这个问题。

所以，在教学中，教师要在教学材料的选择和呈现、课堂管理、课堂活动设计、师生互动方式以及其他行为方式等方面避免性别偏向。

第二节 学生的心理适应

一、大学生心理适应产生的背景

（一）生活环境的变化

大学的生活环境是指大学生在学习之外的业余生活方式，包括个人活动、娱乐活动、交往方式等。

1. 生活方式

随着独生子女家庭的普遍化，有的大学新生由于习惯于家中父母全方位的关怀和照顾，缺乏独立生活的能力。而异地求学使他们远离了父母的照顾，必须独立地安排自己的生活。他们吃在集体食堂，住在集体宿舍，远离家乡和父母，衣食住行等所有事情都要亲力亲为。他们被生活中这些琐事搞得焦头烂额，心烦意乱。这对缺乏独立生活能力的新生来说无疑是一个挑战，致使某些新生感到孤独寂寞和想念亲人，而且会被孤独不安、焦虑的情绪困扰。

2. 生活习惯

中学生在家乡生活十几年，对家乡的饮食、气候、语言、作息时间等都很适应。考上大学后，造成他们对学校所在地的生活习惯不适应。这种不适应，必然会给他们的生活带来困难。

3. 生活范围

由于中学生有高考的压力，因而学习是他们生活的中心内容，无暇他顾，生活内容比较单一，社交范围较窄。而在大学里，大学新生在面对校园众多的活动组织、社团、协会时，面对宣传橱窗里花花绿绿的各种海报时，面对丰富多彩的社会实践活动和丰富的校园文化生活时，生活领域的拓宽让很多新生无所适从。此外，还有一些习惯了农村生活环境的大学生，当他们来到喧闹的城市后，易产生压抑感和自卑感。

4. 生活条件

随着高校招生并轨，以及大学生统一缴费上学政策的实施，大学生成了消费水平较高的社会群体。这给家庭经济并不宽裕的大学生带来很大的经济压力和心理压力。一些靠助学金过日子的大学生节衣缩食、节省开支，有的还勤工助学来解决学习费用问题。而来自富裕家庭的大学生则穿着整齐、出手大方，相比之下，经济困难的大学生由于经济上不如人，心里便会产生一种处处不如人的感觉。

（二）学习生活的变化

1. 学习任务

中学阶段是基础教育阶段，学习各种科学文化基础知识，主要任务是为上级各类学校输送合格新生，也就是为他们在高等院校学习打好基础。大学的学习虽然也学习一些基础知识，但更重要的是学习更深的专业知识，掌握专门的专业技能，为他们将来走向社会做好准备，为将来他们从事某项专业工作打好基础。

2. 学习内容

中学阶段所开设的课程内容，基本上是数年一贯制，变化很少，知识面也较窄，基本上没有选修课，课外参考书也很少。而大学的学习具有专业性、探索性的特点，四年里要学二三十门课程。除基础课、专业课外，还要开设选修课。除了学习新开设的课程外，还要翻阅大量的、相关的参考书，查找大量的文献资料。学习内容比中学阶段要多得多，知识面也要宽得多。

3. 学习方式、方法

无论是教学方法还是学习方法，大学与中学都有很大的区别。中学的学习方式是以教师为主导、以课堂教学为中心的教学方式。学生主要从课堂教学中获取知识，学习途径和方法相对单一。学生学习的每个环节都在教师安排、指导、监督下进行。学生的学习大多处于被动状态，对教师的依赖性很大，探索性和自主性不强。而大学的教学方法具有高度理论性、概括性和教学内容的大容量性的特点，学习方式则以学生为主导、以自学为中心进行，要求学生做到独立思考、融会贯通、举一反三。一些新生不善于自学，不会安排学习时间，因而心情沉重，思想上有压力。

（三）人际交往的变化

上了大学后，大学生的人际交往发生了一些变化：

在交往方向上，由注重纵向交往向扩大横向交往转化。

在交往形式上，由封闭式交往向开放式交往转变。

在交往意向上，从注重礼仪、情谊向注重交往的"综合效益"转变。

在交往特征上，从依附性向选择性发展。

在交往内容上，从单一的交往向多端的交往发展。

在交往方式上，由被动型向互动型转化。

在交往心理特征表现上，由情绪型交往向理智型交往发展。

以上各方面的变化，对于新入学的大学生们来讲，他们长期习惯了中学的环境，对大学环境缺乏了解和心理准备，进入大学后往往不能适应，因而在这方面也就很容易出现问题。具体地说，在中学时代，人际关系相对简单，只是单纯的友谊和亲密关系的一种扩展。进入大学后，人际关系变得不那么单纯。面对来自五湖四海、性格各异的同学，大学生的人际交往的类型和方式都发生了很大的变化，最显著的特点是师生关系明显淡化，同学之间的互动更加频繁，人际空间更加广阔，错综复杂的社会交往成为大学生的基本生活内容之一。但在交往过程中，大学新型的人际关系不能以个人好恶来决定，必须学会与不同的人建立和保持协调的关系。

1. 交往方式与对象

到了大学，学生远离父母、难诉衷肠，师生关系也不那么密切，有时几天见不到辅导员老师，来自不同地方的同学汇聚一堂，共同构建新的班集体。在这个集体中，他们与性格各异、生活习惯大相径庭的同学们共同生活，时常面临着困难与挑战，觉得难以找到志同道合的人。随着生活范围的扩大，大学生的社交活动已经延伸至学业、生活和娱乐等多个领域。

2. 交往所处的地位

到了大学，大学生在人们的心目中已被视为成人，家人对他们的要求相对提高，对他们的关心照顾相对减少，对他们的直接干预也不像从前那样多。原来的优越感也在群星荟萃、强手如林的班集体中淹没。这要求大学生群体必须转变以自我为核心的思考模式，积极培养换位思考的能力，真诚关心他人，切实站在他人的角度思考问题，并在此基础之上，构建一种独立而和谐的新型人际关系。

3. 交往的要求

进入大学后，大学生接触新群体、新伙伴，交往的范围扩大了。新环境要求他们独立地、主动地去与陌生人交往，宽松的学习环境也给他们的交往提供了条件。大学生面临着日益增强的社会化需求，这使得他们对友谊的向往变得愈发迫切。然而，由于部分学生在交往过程中没有掌握必要的沟通技巧，导致他们在构建和谐、友好的人际关系时面临诸多困难。这一问题值得人们高度重视，应当采取积极有效的措施进行引导和解决，以促进大学生的人际交往能力和社会适应能力的提升。

二、大学生心理适应中的心理问题

（一）环境适应的困惑感

大学新生初入校园，首要之务便是适应新的生活环境和养成新的生活习惯。若未能妥善调整和适应，将不可避免地对学生的心理健康和学业发展造成不利影响。

在生活环境方面，一是对学校地理环境不适应。远离家乡来到陌生的城市，不少同学无所适从。二是对当地气候、风土人情、经济发展水平、生活习惯不适应。三是不少同学缺乏独立生活的能力，集体生活观念淡薄，不会关心他人，个人角色定位不准，一味寻求自己的行为自由，不管他人感受，我行我素，打扰了其他同学的学习和休息，导致同学关系紧张。不会安排好自己的衣食住行，不会理财，往往计划不周导致经济上捉襟见肘。

在生活习惯方面，学生的常见问题为：一是懒散，不注重个人卫生和宿舍卫生、不爱劳动；二是没有养成定时定量的科学饮食习惯，存在诸如忽视早餐、挑食、暴饮暴食等问题，这对学生的身体健康构成潜在威胁；三是未养成早睡早起的作息习惯，部分学生存在晚上熬夜、早上赖床的现象，不仅影响个人的学习效率，还可能引发一系列健康问题；四是部分学生还具有过度饮酒和吸烟等不良嗜好，这不仅危害个人健康，也对周围的人和环境造成负面影响。

（二）幻想破灭的迷失感

1. 学习目标的迷失感

中学阶段，学生都有一个明确具体的目标——考大学。进入大学后的最初一段时间，这种压力自然消失，很多同学没有及时建立新的奋斗目标，也就失去了学习的动力和目的。大学的大部分时间靠学生自主管理，大学生就有可能有意无意地放纵自己，把大量学习时间用于网络游戏、聊天、玩乐，得过且过，不思进取，陷入极度空虚和困惑的怪圈。

2. 理想大学的迷失感

大学是中学生十分向往的地方，在部分大学新生的心目中，大学是一座金碧辉煌的知识殿堂，大学生活应该充满诗情画意。但进入大学后，现实的大学与理想的大学相比较，似乎没有想象中的优越生活条件，没有想象中的无忧无虑的快乐生活，有的只是比中学还要多的课程，比中学还复杂的人际关系。对于教室、食堂、宿舍三点一线的平淡生活不知道如何接受。现实大学与"理想大学"的强烈反差，导致迷茫、失望的情绪困扰着某些大学生，使其终日处于无动力的涣散状态中，造成其心理冲突加剧。

3. 专业理想的迷失感

不少学生对自己的专业不喜欢。当前社会就业竞争激烈，行业差距明显。面对这一形势，许多大学生在高考填报志愿时，不仅考虑了自身的兴趣和专长，还结合了父母的期望以及对未来专业发展趋势的深入分析，从而作出了符合自己职业理想的专业选择。这既是他们的专业志向，也是他们未来职业发展的理想方向。但不少大学生上大学填报专业或是屈从于父母的意愿，或是成绩较低以致不能考取理想的专业，或者是大学录取中被调剂了专业，这给部分大学生造成专业理想的破灭，使有的学生不能正确对待，对学习失去了兴趣和信心，不安心学习，甚至放弃学习，这对大学生成长极为不利。

（三）知音难觅的孤独感

1. 离家的孤独感

中学时期，学生有父母在身边，时时受到父母的关心与照顾。进入大学，大学新生来到一个新的环境，独立生活，独自面对陌生的环境、老师和同学，缺乏生活的依靠、感情的寄托和心灵的慰藉，因此产生一种思念家乡、思念亲人的情绪，感到寂寞孤独。

2. 人际关系复杂带来的孤独感

大学阶段是大学生交往需求最强烈的时期，他们期待自己能够在充满活力、积极向上的新集体中与他人和谐共处，能够在各类社交活动展示自己以获得他人的肯定。然而，在有些情况下，大学生的人际关系并非如期望的那般理想，部分学生会产生孤独感。究其原因，主要是三种不良的交往心态造成的。首先，对大学新生来说，在交往初期，面对陌生的环境和不熟悉的同学，他们自然而然地产生了一种心理上的防御机制和谨慎态度。这种心理状态进一步导致他们在交往中表现得封闭、冷漠，并滋生出孤独的情绪。二是在集体居住的宿舍环境中，学生们初期一般都能约束自己的行为，然而随着时间的推移，部分学生会放松对自己的约束，逐渐作出不适当的行为，这就很容易对有着不同生活习惯和性格特质的其他宿舍成员的休息与学习造成干扰。长此以往，被打扰的同学难免会有意见，如果没有及时解释和沟通，同学之间容易产生误会和隔阂，进而使学生的孤独感更加强烈。三是有些同学因为家庭经济条件优渥，或者家庭背景显赫，或者跟老师关系好，就觉得自己很了不起，傲慢自大，对其他同学表现出轻视的态度。然而，这种态度往往导致他们被同学疏远，最终陷入孤独的境地。

（四）相形见绌的自卑感

1. 新集体的出现带来的自卑感

大学新生来到一个群英荟萃的新集体，原来的学习尖子自然不可能都仍是尖子，原来的学生干部不可能都继续担任学生干部。有同学失去中学时期的优越地位；有的同学发现自己不会唱歌，不会跳舞，不擅长交际，运动天赋不高，没有任何特长，顿生一种挫折感，产生强烈的自卑心理，以致苦闷、彷徨甚至难以接纳自我。

2. 家庭经济困难带来的自卑感

每年，我国各大高校都会迎来来自全国各地的大学新生，他们的家庭经济状况各不相同。在这些新生中，有一部分同学由于家庭经济条件较为困难，在与其他同学交往的过程中可能会感受到经济压力，这种压力可能会对他们的人格尊严和独立性造成一定影响，进而导致其产生自卑感。

（五）竞争压力的恐惧感

1. 学习压力带来的恐惧感

经过十余年的考试竞争，大学生有着深刻的考试成功与失败的体验。经过高考，学生对考试失败的恐惧尤为深刻。进入大学后，部分学生仍面临着考试失败的威胁，每到考试之前就紧张不安、担心、焦虑、恐惧、影响正常学习。

2. 经济压力带来的恐惧感

经济困难不仅给学生造成心理自卑，而且更为严重的是，它会导致学生产生对未来的恐惧和不安。经济困境对人们的心理健康造成了严重的影响。随着社会消费水平的提高，这种压力将持续增加。为此，党和国家领导、地方各级人民政府及社会力量都作出了巨大的努力，虽然在一定程度上使特困生问题得到缓解，但目前面临的问题仍十分严峻。

3. 就业压力带来的恐惧感

学生对就业的考虑在进入大学前就已经开始了。有的同学在选择专业志愿时就是从就业的角度考虑的。随着我国高等教育普及率的提高和成人高等教育体系的日益完善，应届大学毕业生的就业市场面临着前所未有的挑战，就业形势十分严峻，这也导致了就业的巨大压力引起了学生的恐惧。

三、大学生心理适应问题产生的原因

（一）应试教育的影响

所谓应试教育，是指在我国教育实践中客观存在的偏离受教育群体和社会发展的实际需要，单纯为应付考试、争取高分和片面追求升学率的一种倾向。应试教育模式虽然把智育放在第一重要的位置上，但制订的智育目标却是片面的、狭隘的。智育是传授知识、发展智力的教育，其中发展智力是智育最重要的目标，但是，应试教育从应试这一角度出发，过分强调传授知识和技能，强调知识的熟练程度，大多采取过度学习、强化训练的手段，把学习局限在课本范围内，致使学生无暇参与课堂以外的、各种对发展智力十分有益的活动，从而出现知识面狭窄、高分低能的局面。为了能取得好成绩，家长逼孩子读书，老师加班加点陪孩子们学习，压得学生喘不过气来，连正常的星期日和假期也被挤占，以致严重影响了青少年学生身体的健康发育。为了不使学生分心，学习之外理应具备和养成的素质却被家长"承包了"。致使有的学生除了学习，什么也不会。然而，当这些新生来到高校这个新环境时，角色要求的转变、教育方式的改变，使他们一时无法适应，无所适从。

（二）家庭造成的心理定式

个体人格的形成，深受家庭环境与教育的影响。在 21 世纪的新时代背景下，我们所追求的人才，应当具备前瞻性的思想意识，能够引领潮流，开创未来；同时，他们还应拥有高尚的道德情操，以诚信、正直、公正为行为准则，树立良好的社会形象。此外，健康的心理品质也是必不可少的，他们应能够积极应对各种挑战，保持冷静和稳定的心态。在团队合作中，他们应积极融入，相互支持，实现共同进步。同时，卓越的应变能力将使他们能够在复杂多变的环境中迅速适应，应对各种挑战。最后，顽强的吃苦耐劳精神将使他们能够在困难面前不屈不挠、勇往直前，为社会的进步和发展提供坚实的支撑。塑造学生这些优秀品质，并非一朝一夕可以完成的，而是需要长时间的精心培育和深厚积淀。在这一过程中，家庭教育的重要性不言而喻，它是培育高素质人才的先决条件和稳固基石。

我国大学生中的独生子女越来越多，因为"独生"，导致独生子女长期缺乏兄弟姐妹等"儿童伙伴"关系，离群索居，形成以自我为中心的人格。他们只看到自己，只想到自己，以自己为中心点，自己是主要的，他人是次要的，清高、自负、缺乏善待他人和帮助他人的精神，群体意识淡薄。其次，由于"独生"这一特殊性，决定了独生子女在溺爱环境中养成了爱听"奉承话"的习惯，缺乏团结互助的友爱精神，私欲观念较浓，不利良好道德风尚的形成。在生活方面，他们缺乏独立生活能力，怕苦怕累；在意志方面，他们精神脆弱，挫折承受力差。这些都与在特定的家庭环境所形成的心理定式有关。

此外，一些家庭对子女的影响起着消极作用。例如，家庭的变迁与离异、父母错误的价值观、道德观和不当的言行都可能使他们形成不良的心理定式。当新生进入大学之后，这些心理定式仍然存在并起着作用，这在某种程度上影响着新生的心理适应。

（三）大学生个人主观原因

大学生个体对大学生活的认知是影响大学生适应的关键因素。大学新生在生理方面相对成熟，但在心理方面相对稍显不成熟。他们的认知障碍是他们没有正确理解价值观和世界观所导致的。他们根据直觉和感性体验来评价自己和周围的事物，这可能导致他们出现情绪困扰。他们由于生长在顺遂的环境中，生活经验相对欠缺,在面对挑战和逆境时容易感受到挫折感;他们充满生机与活力,但如果找不到正确的方向和途径,就可能走上错误的道路;他们怀揣着理想,期盼着未来,但当现实与梦想产生冲突时,他们会感到挫败并倍感沮丧;他们渴求学习,却缺乏辨别真假的能力;他们情绪激动,很难自制,变成了情感的俘虏;他们很自信,但一旦遭遇失败,就会感到沮丧和失望;某些时刻,他们展现出令人敬佩的勇敢和正义感,但在其他时刻,又可能作出缺乏章法和纪律的冒失行为。这些截然不同的表现揭示了大学新生在认知发展、情绪调控和意志力培养等方面都还处于发展阶段,仍有待进一步成熟和完善。

四、大学生心理适应的辅导

(一)大学生心理适应的基本要素

大学生心理适应是心理健康的标准之一。要提高大学生心理健康水平,就必须引导大学生适应大学生活。

1. 正确评价和认识自己

正确评价和认识自己是大学生心理适应的关键。所谓大学生的良好适应,可以解释为个人与现实环境能保持和谐的关系。和谐关系就是指人与环境双方的互相适应。要达到良好的心理适应,应从现实中认识自己,然后进一步去实现自己。如果一个人对自己有清楚的认识,心理就比较健康,就可以比较好地适应环境。要全面客观地认识自我,必须以正确的视角来比较自我与他人,同时以开放的心态接纳他人的评价。通过深入分析个人的优点和不足,大学生能够更准确地定位自己在社会和个人发展中的位置。这种全面的自我认知,有助于大学生保持平和的心态,增强自信,明确个人发展的起点和方向,从而更加稳健地迈向未来。

2. 确定明确的目标和方向

目标、方向、理想的确定是大学生心理适应的重要方面。生活的目标和方向虽然受社会发展与学校教育的影响,但大学生本身可通过对现实、对自己的认识来确定。因此,在熟悉环境之后,应该尽快为自己确定一个新的学习目标和奋斗目标。大学生在确立目标时一定要考虑社会发展的制约,考虑现实的社会条件和自身条件。目标的确立可分近期目标和远期目标。从心理学的角度讲,一个明确的目标,尤其是近期目标,可以使人集中注意力,减少对一些小事的关注和由其引起的困扰,产生积极向上的内驱力。大学新生应树立自主学习的意识,积极确立个人的学习目标,制订符合实际的学习计划,并严格安排学习时间,以确保学习的高效性。在选课过程中,新生应独立思考,选择适合自己的课程。同时,他们应养成定期检查学习效果的良好习惯,及时发现问题并加以改进。此外,新生应积极主动地与教师沟通交流,寻求专业的指导与帮助,定期向教师反馈学习进度,共同商讨学习计划的落实路径。通过这些举措的实施,大学新生能够逐步提升自主学习的能力,确保学业的顺利进行。

3. 坚定信心,迎接挑战

大学生要达到良好的社会适应,保持个人的心理平衡,必须坚定成功的信念,发展和保持积极的心态。

(二)大学生适应能力的培养

提高自立和自理能力,主动适应新的学习和生活方式,充分认识自我和完善自我,正确运用心理调适策略,以尽快适应大学生活,是大学新生亟待解决的问题。

1. 明确大学生适应与发展的任务与要求

大学生适应和发展的任务要求主要包括。

(1)发展能力:包括智力、体力、社交及人际交往能力等。

(2)管理情绪:充分了解、认识自己的情绪,并以恰当的方式来处理情绪。

(3)互相帮助:在学习独立的同时也要学习如何互相帮助,如何互相包容。

(4)发展成熟的人际关系:容忍和欣赏别人,有能力与别人发展关系。

(5)确立自己的角色地位。

(6)发展目的:不断增强能力,作出计划,定出方向和目标。

(7)发展整合:包括行为与价值的一致、顾及别人的利益、尊重别人的意见,同时能够肯定自己的价值观及信念。

另外,联合国教科文组织提出了大学生要做到"四个学会"。

(1)学会做人:不断增强自主性、判断力和个人的责任感,拥有正确的人生观、价值观,拥有明确的伦理道德观念和是非观念。

(2)学会做事:要有敬业精神、独立处理问题的能力和应对各种情况和各种环境的工作能力，能够不断积累做事的相关经验。

（3）学会与人相处：对他人有尊重、真诚的态度，与人和谐相处，能够与他人进行良好的沟通。

（4）学会学习：热爱学习，不断用新的知识充实自己。

2. 学习心理知识，寻求心理帮助

新生来到大学以后，其人生开始了一段新的里程，许多事物都在与以往不同，因此，在心理上将会产生一些不适应，此时，要学会全面地、客观地看待事物，自己有意识地学习一些有关心理学方面的知识，正确对待学校开设的大学生心理健康教育等公共课或选修课。除此之外，还要积极寻求心理帮助。例如，现在许多高校都建立起心理咨询室，有专业的心理咨询人员，对于新生而言，应根据个人实际情况，主动寻求心理咨询的支持与帮助。心理咨询工作致力于解决学生在学习、生活过程中遇到的各种心理困惑、冲突、情感纠纷以及精神压力等问题。通过专业的心理咨询，帮助学生深入剖析问题的根源，找到走出困境、化解矛盾的途径与方法，这不仅是提升大学生心理健康水平的重要途径，更是促进学生全面发展和个人成长的必要手段。目前，社会上仍存在一种错误的看法，认为只有心理有病的人才需要心理咨询，这其实是一种误解。因为每一个人都会碰到困难，都会有一些自己解决不了的心理问题。特别是大学新生，其身心都处于适应阶段，在这个时期无论怎样防范，客观上总会出现一些问题和障碍。因此，这时如果去找咨询员，得到一些理解、宽慰和帮助，既能防患于未然，又能促进自己的身心健康，还能使自己掌握一些心理学知识，这对于大学新生是很有帮助的。

3. 加强意志锻炼，培养乐观情绪

根据美国心理学家的深入研究，发现成功人士除了具备超凡的智力，更关键的是他们拥有坚定的信念、无畏的勇气和顽强的毅力。校园作为社会的初步形态，同样充满了挑战与困难。新生在适应新环境和新事物的过程中，常常会遇到困扰与挫败。然而，在面对挫折时，那些意志坚定的人往往能够自我调节，分析失败的原因，并持续努力直至实现目标。他们具备较强的适应和抗压能力，甚至能够将挫折转化为动力，不断增强自信。相比之下，意志力不足的人往往缺乏坚定的信念和独立的思考能力，容易受到外界因素的影响和干扰，容易在遭遇困难时改变初衷，采取消极的态度应对，这不仅会阻碍他们实现目标，还可能对他们的自信心和适应能力造成负面影响，严重者甚至出现意志消沉的迹象，有潜在的精神障碍风险。

此外，大学生正处于青年中期，情绪波动较大，因此，加强情绪的自我教育显得尤为重要。积极的情绪能够促使他们积极行动，而消极的情绪则可能产生破坏作用。如果情绪有了宣泄的渠道，就不会泛滥成灾，而会慢慢地平静下来。因此，正确地宣泄情绪有助于身心健康。当大学生陷入较严重的情绪障碍时，有必要向社会支持系统寻求帮助。每个大学生都应该设立自己的社会支持系统，有能够在心理方面给予自己支持、帮助的社会网络，如亲人、朋友，或者是专业的社会工作者、心理医生。社会支持系统的存在有多方面的意义：一是可以获得倾诉的对象，向他人倾诉苦闷之后，会有轻松解脱的感觉，大学生应该经常主动自觉地利用好这种情绪调控手段；二是别人可以提供新的视角和思路，帮助当事人走出个人习惯的思维模式，重新评价困境，寻找新的出路；三是社会工作者和心理医生可以提供专业性的意见和建议，运用心理学手段和方法帮助大学生更有效地解除情绪障碍。

4. 学会接纳现实，接纳自我

（1）对我国的教育现状有正确认识

我国目前处于发展阶段，当代大学生应对一个人口众多、不算富裕的国家的教育现状有正确认识。有些大学校舍虽然陈旧，但是管理水平、师资队伍、学校校风等并不一定落后。事实上，校园环境的优劣、教学设备的齐全和先进与否并不是个体能否成才的决定因素，个人能否有所成就、有所突破取决于个人努力的程度。

（2）树立自立精神，提高自主能力

自立精神表现为在生活中形成的一切由自己的力量去完成的独立意识。当然，大学生要在经济上完全自立，目前还不具备客观的物质基础。但是，要树立这种自立的精神，尽力通过自己的奋斗去争取自立。比如，积极主动地参加大学的勤工助学、做家教，一方面磨炼自己的意志，另一方面也可以扩大对社会的多方位了解，还可以从一定程度上减轻家庭经济负担。

5. 主动适应，尽快掌握新生活的技能

由于高校教育制度和教学活动特点的限制，大学生的生活方式有其独特的模式，包括学习、日常生活、闲暇娱乐、社会交往及消费等方面。对于大学新生来说，过好独立的但又是集体的生活是遇到的新课题。一般来说，大学生通过一定的实际锻炼，独立生活是不成问题的，极端不适应的情况毕竟不多。相比较而言，适应以寝室为单位的集体生活大有学问。大学新生来自全国各地，个人的生活习惯和性格特点各不相同，由此组成的新群体，其成员之间能否和睦相处是一个新的生活课题。因此，尽快了解群体成员中各自的生活习惯和心理需要，学会理解别人、关心别人是每个大学新生应掌握的处世技巧，也是大学生应具备的个人素质之一。

　　大学新生的许多适应困难问题，有些是缺乏必要的生活技能而导致的，因此大学新生必须尽快熟悉和掌握一些生活技能。生活技能主要指社会交往的技能，学会待人接物，处理好同寝室、同班、同年级同学之间的关系，还包括安排好自己的课余生活。健康有益的课余生活对于提高大学生的整体素质具有重要意义。学生社团可以为大学生提供良好的"第二课堂"，有选择地参加社团活动会使自己的生活充实、人格成熟。比如，学术性社团的成员多属同一系的同学，参加这种社团，一方面有机会跟其他年级同学切磋所学专业知识；另一方面有机会表现自己的学术才能，从被人接纳认可中获得自信和自尊的满足。又如，参加属于服务性的社团活动，一方面有机会学习社会服务的技能，并树立自己的责任心和义务感；另一方面也有机会认识社会。再如，参加一些娱乐性的社团，一方面可借助娱乐活动使感情升华，减少情绪困扰；另一方面也有机会表现自己的才艺，并被人欣赏以及因志趣相投而增进同学间的感情。大学生根据自己的性格特点和条件注意培养和发展一些业余爱好，这对于培养自己的适应能力是十分有益的。

　　总之，大学新生要顺利地完成大学的学习生活，为将来真正进入社会创造一个良好的身心健康条件，更好地符合国家和现代社会对于人才的素质要求，就应该从跨进大学的第一天开始，有意识地培养自己健康的人格和健康的心理。高校通过开展必要的新生适应性教育，可以有效地帮助新生正确认识自我和认识社会，培养他们的生活自理能力和掌握处理人际关系的技巧，增强他们的心理健康意识，以提高对新环境的适应能力。

第三节 教师的角色属性与素质

一、教师的角色属性

（一）角色与教师角色

角色，也称社会角色，是指个人在特定的社会环境中相应的社会身份和社会地位，并按照一定的社会期望，运用一定权力来履行相应社会职责的行为。父母、子女、工人、农民、干部、售货员、旅客等都是社会角色，教师也是一种社会角色。在社会生活中，处于一定社会地位的人扮演着多种角色，集许多角色于一身，就是一个角色丛。如某教师在学生面前是教师，在其他教师面前是同事，在家里可能是丈夫、父亲和儿子，在街上则是游人、顾客等。每个人在不同的情境下，都会扮演不同的角色。根据各种社会角色所规定的行为模式，社会对其成员提出了相应的要求，这种要求被称之为角色期望。符合特定角色所期待的个体表现，如某人展现出"父亲般的责任与担当"或者"领导者的智慧与决策力"等特质，会得到社会的广泛认可与高度评价。个体都需要明白社会对他在特定条件下应扮演的角色以及社会对他的期望，一旦个体认识到这一点，其角色意识便会油然而生。角色意识对个人行为具有至关重要的调控作用，它引导个体展现出与社会角色相契合的行为举止，进而塑造出符合角色期待的形象，如"父亲般的担当"或"领导者的风范"。因此，培养并保持良好的角色意识，是确保个体能够有效履行社会角色、展现恰当行为的重要前提。

教师在传承和推动人类文化发展中扮演着连接和促进的关键角色。韩愈认为，"师者，所以传道授业解惑也"。随着人类社会和文明的不断进步，教师的角色也被赋予了更多新的职责和意义。科学领域中所描述的"教师"，是指经过专业教育和培训的人员，他们在学校中承担重要职责，负责向学生传授系统的人类科学文明知识及实践技能，致力于推动学生身体素质的全面发展，深入实施思想道德教育，引导学生形成崇高的审美观念，通过全面而深入的教育培养，努力将学生塑造成为社会所需的全面发展的高素质人才。教师通常同时具备多种不同的身份和角色。

（1）教师的中心角色是知识的传播者，学习的发动者、组织者和评定者。教师的核心职责在于传授丰富的知识，引领学生掌握学习的方法与技巧，精心培育学生的多元能力，全面促进学生的智力成长。这一重要角色主要通过系统而有序的教学活动来展现。在教学过程中，教师需遵循教育教学的客观规律，紧密结合学生身心发展的阶段性特征，精心策划与组织多样化的教育活动。通过这些活动，有效激发学生的学习热情与主动性，使他们能够扎实地掌握科学文化知识，实现能力的全面提升。

（2）对学生来说，教师还是长者、朋友和管理员。在课堂里，老师是学习的引导者，在生活中是长辈。因此，教师需要注意的不仅是学生的学业，还需积极引导学生养成良好的生活习惯和掌握必要的生活技能，耐心解答他们在日常生活中遇到的各种问题和困惑。同时，教师应以满腔热情关心学生，积极帮助学生，切实扮演好长辈的角色。在日常教育教学过程中，教师应努力成为学生的良师益友，以平等、民主的态度对待每一位学生，积极构建和谐、融洽的师生关系。教师在与学生建立友谊和互信的过程中，不应忽视自己作为班级管理者的角色。除了关心和帮助学生，教师还需要监督并执行学生的学习纪律，以维持课堂秩序。通过奖惩来引导学生作出正确行为，营造出良好的班级氛围，确保教学活动的顺利进行。

（3）榜样和模范公民。教师是指导他人学习的专业人士，因此人们自然期望教师能够成为学生的榜样和社会的楷模。教师不仅是知识的守护者，更是智慧的引路人和道德行为的引领者。他们在学生心中占据了无可替代的地位，成为学生们效仿和学习的典范。教师的每一句话、每一个行为，都在无形中塑造着学生的思想和行为。每位教师都应该意识到，他们的言行举止对每一个学生都有潜在的影响力。

（4）心理辅导员。除了传授学生知识、培养学生能力之外，教师还应密切关注学生的心理健康状况，及时发现和解决学生在学习和生活中遇到的问题和困难。学生在成长的过程中，会经常遭受各种心理挫折，出现各种心理障碍，教师要随时帮助学生，维护学生的心理健康，促进学生良好人格特性的形成。作为心理辅导员，教师要做好两个方面的工作：一方面，应当积极引导学生建立健康的生活方式，培养其良好的心理素质，以预防各种心理问题的出现；另一方面，一旦学生在心理上遭受挫折，教育工作者应迅速行动，创造一个充满谅解与宽容的环境，旨在减轻他们的心理压力。同时，提供及时、专业的心理援助、咨询和评估服务，以帮助他们治疗心理创伤，进而培育和提升其自尊自信，促进学生全面健康发展。

（5）教育科学研究人员。随着现代科学技术的日新月异，教育领域亦面临前所未有的变革。传统意义上仅仅局限于教书育人的教师，已难以适应当前社会进步及教育自身发展的迫切需求。未来教师将更加强调专业化和学术化，他们不仅要传授知识，还要积极进行教学和学习问题的研究，成为教学领域的科研者。对于自己在教学方面的研究，需要了解一定的教育科研方法，并在实践中运用这些方法来解决遇到的问题，以实现成为既擅长实践又精通理论的教育者的目标。

（二）教师职业角色的形成

在现实生活中，每位成员在各自的职业岗位上所承担的职责，都代表着一种特定的职业角色。这种职业角色所承载的期待，实质上反映了社会对于该职业人员所应具备的行为规范与职业素养的要求。这种职业角色不仅仅是个人身份的标识，更是社会对从事该职业人员的行为期待与要求。随着时间的推移，从业者会逐步内化这些角色期待，形成自我认知，形成相应的职业角色意识，并通过不断的学习和实践，逐渐提升从事该职业所需的各项能力。对于教师这一职业而言，其角色的形成与发展，不仅涉及时间的积累，更与个体的成长与成熟程度紧密相关。这些差异会直接影响教师职业角色的塑造与完善，进而对教育教学工作产生深远影响。

1. 教师职业角色意识的形成过程

（1）角色认知阶段

角色认知，即角色扮演者对于特定角色所应遵循的行为准则的深入理解与把握，旨在明确何种行为符合角色定位，何种行为则有失妥当。对于教师而言，角色认知具体体现在他们能深入理解教师角色赋予他们的社会责任，以及能够清晰区分教师角色与其他社会职业角色的差异。在一个人正式成为教师之前就可以达到这个阶段，如师范生就已对未来将要充当的教师角色有所认识，但这时还停留在理性认识上。

（2）角色认同阶段

教师角色认同，指的是个体通过切身体验，深刻理解并接纳教师角色所承载的社会使命与责任，以此作为自我行为的准则和尺度。这种认同不仅表现为对教师角色行为规范的理性认知，更体现在情感上的真诚体验与自我要求。只有当个体真正步入教育领域，承担起教师这一角色时，通过教育实践的不断磨砺与反思，才能实现对教师角色认同的深刻领悟与真挚情感。

（3）角色信念阶段

社会各界对教师角色有一定的期待和要求，教师应积极将这些外在的期望转化为个人的内在动力和需求，以更好地履行职责和使命。在这一过程中，教师坚定自身对教育事业的正确认识，并将其作为指导自己行动的纲领。这种坚定的信念促使教师形成了与其职业相匹配的自尊心和荣誉感，成为他们不断进取、追求卓越的强大动力。如一些优秀的教师坚信教师是社会上传道、授业、解惑的使者，认为教师职业是一种崇高而光荣的职业等。

2. 教师角色形成的主要条件

（1）全面正确认识教师职业

为确保从事教师职业的未来从业者在正式踏入教育领域前，能够全面而深入地认识到教师职业及其所承载的重要角色，本书进行了深入调查。调查结果显示，师范院校的高年级学生对教师职业持有如下观点：从社会功能的维度来看，教师承载着传授知识、培育人才的神圣使命，理应得到社会各界的尊重与认可，然而，当前教师的社会地位仍有待提升；从经济层面来看，尽管教师的工作收入相对稳定，但相对而言，其待遇水平仍有待提高；从工作特性上分析，教师职业充满乐趣，能在一定程度上展现个人的才华与智慧，但也伴随着较大的精神压力。这些高年级师范生对教师职业的认知是他们在接受师范教育的过程中逐步形成的。

（2）树立学习榜样

借助杰出典范的行为展现，使从业者深入理解社会对教师角色的期望与定位，进而学会在多变的环境中履行角色职责，妥善处理角色间的冲突。在甄选和塑造榜样时，应当遵循以下原则：首先，榜样的示范行为应特色鲜明、形象生动，以吸引学习者的目光；其次，榜样的示范行为应具备一定的可学习性和可模仿性，避免设定过高的标准或过于复杂的操作，以便学习者能够从中受益；再次，榜样的示范行为展现出了可靠性和真实性，并且是有效的；最后，榜样的示范行为应该是令人感动的，能够引起学习者心理上的共鸣。

（3）积极参与教育实践

在将个体对角色的理解深化为坚不可摧的信念时，实践环节占据着举足轻重的地位。一个社会对尊师重教文化的倡导程度，以及学校对教师才能发挥的支持力度，会客观影响教师在教学过程中建立角色认知。与此同时，教师个体的心理需求亦是不可或缺的主观因素。随着知识与经验的不断积淀和日益丰富，他们大多会意识到教师工作对社会的重要性，能够主动将社会对教师的期待与个人职业目标紧密相连，并有效地将这种社会角色的期望转化为自我成长的内在动力，指导并驱动自身的教育实践。

二、教师的素质

人们从事某种活动的效果，在很大程度上取决于他们自身的素质。教师素质主要是指符合教育教学要求的教师的能力和人格特质。教师的素质是影响其教育教学效果的最直接和最基本的因素。当代教师不仅要有广博深厚的知识和热爱教育事业的情感，还要有符合教育教学工作的能力和素质。

（一）教学效能感

1. 教学效能感的含义

在心理学领域，个体对自己在特定活动中所具备的能力的主观评估，被称为效能感。一个人的认知和行为通常受到自我效能感的影响。教师的教学效能感指的是教师对其自身在学生学习行为及成绩方面所能产生的影响的主观评估。这种评估关乎教师对学生的期望水平，进而影响他们对学生的行为态度，最终还会影响到教师的工作效率。

教学效能感这一概念源自美国心理学家班杜拉提出的自我效能理论。自我效能感指的是个体对自己在某项任务中能否成功的信念和判断，涵盖了结果预期与效能预期两个方面。结果预期，即个体在特定情境下，基于自身经验、知识和技能，以及对环境的理解和分析，对某一行为可能产生的后果进行的预测和评估。例如，在考试情境中，学生对完成试卷后可能获得的成绩和结果，进行事前的预估和推测，就属于结果预期。效能预期，是指个体对自身是否有能力完成某项任务的信心评估，比如学生对自己能否成功地完成考卷的主观认知与评估。

班杜拉进一步强调，个体在心理上可能对某种行为持有正向的预期，认为其能够导致所期望的成效，但却不一定相信自己有能力实施这个行为。人们的行为主要受到他们对自己能够实现某种目标的信念所影响，个体对特定行为的效能感知，深刻影响着其在面对挑战时所选择的行为策略，同时也对其投入的努力程度和情感体验产生显著作用。当人们对目标的期望值较高时，他们将更倾向于采取积极的行为并且付出更多努力来实现目标，持续性也会更高，情绪也会更为高涨。

教师的教学效能感涵盖了两个重要方面：一般教育效能感和个人教学效能感。这两个方面相互补充，共同构成了教师效能感的完整体系。一般，教育效能感指的是教师在教育教学过程中，对于教与学之间的关联以及教育在学生个人成长与发展中所扮演的角色等核心问题的总体认识与评估。这涵盖了教师对于教育能否有效抵消社会不良风气、家庭环境以及学生自身素质所带来的负面影响的信念，以及其对教育能否积极推动学生全面发展的信心。个人教学效能感是指教师对自己的指导学生能力和教学水平持有自信和信任。这与班杜拉理论中的预期效能相符。教师的教学效能感，作为阐释其职业动机的核心要素，深刻影响着其投身教育事业的热情与投入教学工作的努力程度。在面对挑战与困难时，教师的教学效能感更成为其坚持克服困难、保持积极态度的关键力量。

2. 教学效能感对教师行为的影响

一般来说，教师教学效能感会在以下三个方面影响教师的行为。

（1）影响教师在工作中的努力程度

在教学工作中，拥有高度教学效能感的教师坚信自身的教学工作能够培育出优秀的学生，因此他们始终以饱满的热情投入工作中，面对教学中的种种困难，他们不仅不会退缩，反而会以更加坚定的信念去迎接挑战、勇往直前。相反，教学效能感较低的教师，往往将学生的成长过多地归因于家庭和社会因素，认为自身的教学努力所能发挥的作用相对有限。这种心态导致他们在面对教学困难时，容易感到沮丧和无力，甚至可能因此放弃努力，对学生和教学工作产生消极影响。

（2）影响教师在工作中的经验总结和进一步的学习

教学效能感高的教师，为了优化教学效果，会积极总结各类实践经验，不断汲取相关知识，持续提升教学能力。而教学效能感较低的教师，由于缺乏自信，难以在工作中不断积累经验，总结教育经验并提升教学技能。

（3）影响教师在工作中的情绪

教学效能感高的教师在工作中展现出坚定的信念、饱满的精神状态和积极向上的心态，他们全身心投入、充满热情，一般都能够取得优异的教学成果。相反，教学效能感较低的教师在工作中往往感到焦虑、沮丧，甚至产生恐惧心理，这些负面情绪严重影响了他们的教学质量和效果。由于缺乏自信和专注力，他们难以全身心地投入教学工作中，导致教学效果不佳，工作难以顺利完成。

教学效能感高的教师对学生抱有高期望，坚信自己对学生成长负有责任，并相信能够成功教导每位学生。在教学过程中，教学高效能感的教师，始终将全班学生的成长与进步作为己任，积极引领和指导学生的学习过程，同时不断探索和实践新的教学方法和策略。在对学生进行教育教学指导时，他们展现出民主化的教学风格，倾向于激发学生的内在动力，鼓励他们自主地探索问题解决方案，而非依赖外部的表扬或批评等手段来约束学生的行为。当学生遭遇挫折时，教学效能感高的教师会表现出耐心，他们会通过反复提问、提供提示等方式来帮助学生更好地理解知识。

教师的自我感知对于他们的教学方式有重要影响，而这种教学方式又会直接影响学生的表现。另外，教师的自我感知也会受到许多因素的影响。要理解这一连锁反应的机制，就需要考虑教师自我感知在教学中扮演的角色。教师的自信心和信念会影响他们的教学方式，进而影响学生的信心和学习表现。学生的信念和学习表现相互影响、相互作用。同时，教师的教学效能感也受到环境和个人因素的影响。

（二）教学监控能力

1. 教学监控能力的含义与分类

教学监控能力是指教师在整个教学过程中，持续地对教学活动进行计划、检查、评估、反馈、控制和调整，以确保教学目标得以实现的能力。

教师的教学监控能力是提升教学质量的关键环节，其主要包括以下三个维度：（1）教师需事先制订教学方案，周密安排各项教学活动，以确保教育质量；（2）教师有意识地观察、评估和回顾自己的教学实践；（3）教师需积极调控自身教学活动，及时纠偏，并强化自我监督与管理。

教学监控能力的分类如下：

（1）根据教学监控的具体对象，教学监控能力可被细分为自我指向型与任务指向型两大类。自我指向型的教学监控能力，主要体现为教师在教育教学实践中，能够自我监控、评估和调整自身的教学观念、教学兴趣、动机及情绪状态等心理要素。例如教师能够在课堂上有效地管理自己的负面情绪，保持专注地授课。任务指向型的教学监控能力，主要体现为教师在教学过程中，针对教学目标和任务、教学材料和方法等重要教学元素，所展现出的精准调控与高效管理能力。例如在授课过程中，一旦察觉学生存在对所授内容理解困难的问题，应迅速调整教学策略，采用更加恰当有效的教学方法，以确保学生能够充分理解并掌握相关知识。这两种能力密切相关，彼此作用，相辅相成。

（2）根据教师教学监控能力的作用范畴，可以将其划分为一般型和特殊型两大类别。一般型教学监控能力，指的是教师在履行教育者职责过程中，所展现出的全面、深入的自我认知、情感体验及调控能力。这种能力超越了具体的教学实践范畴，呈现出广泛的概括性和高度的整体性，是教师专业素养的重要组成部分。特殊型教学监控能力，指的是教师能够对课堂实践进行有效的反馈和调整，从而在教学过程中实现自我管理和调节。

2. 教学监控能力的特征

（1）能动性

所有的监控活动都必须得到参与者的自愿和自主，教师自然也包括在内。教学监控是确保教学质量和提升学生学习效果的关键环节，其核心在于全面管理和科学调控整个教学过程。其根本目的在于促进学生的全面发展，帮助他们充分发掘潜能，实现个人素质的提升。在此过程中，教师的角色至关重要。如果教师工作积极性不高，缺乏动力，就无法认真规划、监督、评价和引导教学活动，也就无法有效促进学生的进步。这表明，教师的主观能动性在任何教学监控活动或行为中都得以体现。

（2）普遍性

教师通过不断学习、总结和提升，可以逐渐掌握教学监控能力，从而有效监督各种不同的教学活动。一位杰出的教师具备很强的适应能力和灵活性，无论接手何种班级，都能有效地教育和培养学生，实现优质教学成效。这种对教学的自我监控是多样化教学活动所共有的关键特质,也是确保教学效果达到理想水平的重要因素。

(3)有效性

教学监控的核心目标是通过精心选择教学方法,优化教学活动的要素和合理组合,实现最佳效果,共同推动学生的全面发展。通常情况下,高水平的教学监控能够有效促进教学过程的优化,显著提升教学质量,使其更趋近于理想状态,进而取得最为理想的教学效果。教师的教学监控活动不仅有效保障了当前的教学秩序和教学质量,同时,通过总结经验教训,为教师的后续教学活动提供了宝贵的参考,有助于进一步提升教学的科学性和有效性。

3. 教师教学监控能力的作用

在教学活动这个复杂而庞大的系统内部,充满了众多相互交织、彼此影响、协同作用的因素。这些因素不仅涵盖了教师自身的各项素质和能力,如智力水平、教学能力、独特的教学风格以及自我认知等;同时也涉及了教学环境方面的多个层面,包括学生的学习状态、班级的整体氛围、学校的校风和社会环境的整体状况等。此外,教学媒体也是不可或缺的一环,它涉及教学任务的设定、教学内容的选择以及教学手段的运用等多个方面。这些因素共同构成了教学活动的完整体系,对于提高教学效果和质量具有至关重要的作用,如何发挥好这些因素的作用十分关键。教学监控不仅是教学活动的领导者,更是教学质量的督察官,是保障教学质量和效果的关键所在。在教学过程中,教学监控承担着监督、引导和协调的重要职责,确保各项教学工作的有序开展和高效实施。因此,教学监控在整个教学体系中具有不可替代的重要地位,其作用和价值不容忽视。只有具备了良好的教学监控能力,教师才能够紧密结合教学大纲和教学目标,精心策划出既合理又科学的教学计划。同时,他们还能够从中挑选出最适宜且高效的教学方法。更重要的是,教师在教学过程中,能够不断进行自我反思与调整,及时发现并解决潜在问题,以减少盲目性和错误,提升教学效果。优秀的老师通常在监控和管理教学过程方面表现出色,他们拥有丰富的教育知识和教学技巧,能够巧妙地规划、评估和灵活调整教学方式方法,确保能够顺利实现既定教学目标。针对教学水平较低的教师,尽管他们在学科知识方面可能并不逊色于高水平教师,然而,他们在教学方法与策略上的掌握却显得能力不足。他们未能根据教材内容和教学目标,结合学生的个体差异和具体教学环境,灵活选择和应用恰当的教学方法或必要的补救手段。这种在教学监控能力上的明显不足,使得他们的教学效果难以达到理想水平。这充分表明,在掌握了一定的学科知识基础之后,教师教学监控能力的重要性愈发凸显,成为决定教学质量的核心要素。

(三)教育机智

1. 教育机智的含义

教育机智是教师在教学过程中展现出来的,能够迅速准确地应对学生的意外状况和意外事件,并及时有效地解决问题的能力。教育机智,是在深厚的教育科学理论与丰富的教育实践土壤上孕育出的智慧之果,是教育经验经过时间与实践双重锤炼后的升华,更是教育科学理论与教育实践经验的完美融合。

教育机智是教师在教育工作中所展现出的敏锐观察力、深刻思维与灵活应变能力,以及果断决策的意志品质的集中体现。它展现了教师强大的心理素质与精湛的教育技能,是教师迅速把握学生特点并机智地施加教育影响的教育智慧与艺术。在教育教学的实践过程中,教育工作者们不可避免地会面临一系列复杂的难题与挑战。若教师无法机智而妥善地应对这些问题,不仅可能导致教育进程的阻碍,更可能伤害学生的心灵,削弱教育的权威性,进而对整体的教学效果产生不利影响。为了保障教育工作的稳健开展,并减少潜在的挫折和错误,教师必须具备卓越的教育智慧与应变能力。

2. 影响教育机智的因素

教师在面对突发问题时,是否能迅速作出决策,展现出敏锐的洞察力和果断的执行力,这在一定程度上受到教师自身素质和能力的影响。具体来说,以下几个方面是影响教师应对能力的关键因素。

(1)对工作和对学生的态度

教师的职业态度与教育机智息息相关。若教师在面对教育工作和学生时缺少应有的责任感和热情,不能真心关爱学生,那么在学生出现意外情况时,可能会将其视为不同寻常、故意挑衅或蓄意捣乱,因此可能会用烦躁甚至粗鲁的方式应对,这将使教育机智无法得到展现。教师只有全身心投入到工作、学业和事业中,才能保持高度专注,促进积极思考,在关键时刻展现机智,灵活处理突发情况。

（2）意志的自制性和果断性

教育机智的产生，离不开教师坚定的意志力和果断的决策能力。只有具备了这种自制力和果断性，教师才能有效地管理情绪和处理问题。当然，教师在处理突发意外问题时，除了果断外，还需要保持冷静、迅速作出决策。即使遇到无法立即回答的问题，也要尽量避免含糊不清或拖延，以免影响自己的形象。

（3）深厚的知识素养和经验积累

教师的态度和自控能力，均源自深入的教育实践，并以丰富的知识经验为基石，逐步得以塑造和锤炼。为此，每位教育工作者都应该不断深化专业知识、扩展学识，以提升自身的知识水平。此外，还需注重在日常生活中汲取各类经验。唯有如此，才能游刃有余地应对各类挑战，妥善处置学生群体中的突发状况，展现教育者的智慧与担当。

除以上三大要素之外，教师的思维深度、个性特质、气质类型以及能力水平等，也对教育机智的塑造与高效发挥产生着不容忽视的影响。

第四节　教师的个人威信与师爱

一、教师的威信

（一）教师威信的含义

教师的教育威信不是"威严"和"权威"，它是指教师具有那种使学生感到尊重而信服的精神感召力量，是教师对学生在心理上和行为上所产生的一种崇高的影响力，是师生间的一种积极肯定的人际关系的表现。对此，马卡连柯认为，威信本身的意义，在于它不要求任何证明，在于它是一种不可怀疑的长者资质，威望及其力量与品质。可以说，这种资质、威望、力量与品质，连单纯的儿童也是明白的。[①] 这也说明了威信与威严、权威不同，正是这点不同使它在教育活动中产生了比威严，权威更大的作用。教师的威信是学生接受教育的基础和前提，是有效影响学生的重要条件。学生会认真学习有威信的教师的课，对有威信教师

---
① 王丕. 学校教育心理学 [M]. 开封：河南大学出版社，1988.

的劝导言听计从；反之，对那些没有威信的教师则会持相反的态度。

教师的"威信"和"威严"是有所区别的。"威信"能够拉近人与人之间的距离，增进彼此的亲近感；而"威严"则使人产生敬畏之心，保持一定的距离。教师在教育过程中，不应仅仅依赖威严来使学生感到畏惧，因为这并不意味着他们真正具备威信。如果他们能够严格要求学生，同时秉持公平公正的原则、尊重学生的人格尊严、深入了解学生的需求和特点、真诚关怀学生的成长、热爱每一位学生，那么他们将成为学生心目中的楷模和榜样，赢得学生的尊敬和信任，真正成为具有崇高威信的教育工作者。

（二）教师威信的形成

威信的形成取决于一系列的主客观因素。党和国家对教师的重视和关怀，社会对教师劳动的尊重，教师的社会地位和物质待遇的提高，学生及家长对教师的态度等都是影响教师威信形成的客观社会条件，而教师的主观因素则是威信形成的根本性的决定因素。

（1）教师高尚的思想道德品质、渊博的知识和高超的教育教学艺术是获取威信的基本条件。实践证明，教师的性别、年龄，知识等对师生关系没有直接的重大影响，而教师的道德、才能、教育态度等才是形成威信的重要条件。

（2）和学生保持长期而密切的交往，对教师的威信形成有积极意义。教师的威信是在和学生长期的交往中形成的。反之，一个教师疏离学生，故意和学生保持距离，少有往来，学生就无法了解并理解教师，因而教师的威信也无从谈起。

（3）良好的仪表、生活作风和习惯有助于教师树立威信。教师的仪表与他的精神风貌紧密相连。优雅的仪表实质上是内在美与外在美的和谐统一。教师端庄、朴实、整洁、大方、自然的仪表，可给学生以充实、沉着、稳重、积极向上的感觉。而仪容不整、奇装异服都有损教师的威信和形象。另外，养成良好的生活习惯和生活作风也很重要。一个教师有懒散成性、不讲卫生等不良习惯和生活作风，也难以形成较高的教育威信。

（4）教师给学生的第一印象也影响威信的树立。教师和学生第一次见面，特别是开始几节课会给学生留下深刻的印象，产生首因效应。因为在这个时候，学生对新教师充满期望和新奇感，对教师的服饰打扮、言行举止高度注意且敏感，由此会产生先入为主的印象和相应的态度。这往往会成为影响教师威信的重要心理因素。如果教师在一开始,就表现出沉着、自然、亲切、机智等,并赢得学生的好感,从而留下良好的第一印象,就会初步树立威信。反之,刚与学生接触就惊慌失措、语无伦次或心不在焉、过分随便,就会使学生大失所望,损害威信的树立。实践证明,在多数情况下,恢复已丧失的威信要比获得威信困难得多。因此,每个教师都必须注意要留给学生一个良好的第一印象。

(5)要严格要求自己,有自我批评的精神。一个教师要树立真正的威信,还需要严格要求自己,始终要有表率意识,一举一动都要注意自我形象,时时处处都要考虑对学生的影响。否则,就可能因疏忽而使已形成的威信丧失殆尽。当然,每个人都偶尔会有过失和错误,教师也不例外,但是作为教师要有高度的自我批评精神,应及时避免和改进工作的错误与不足,只有这样才能不断保持和增强威信。

(三)教师威信的维护与提升

教师的威信一旦形成,就具有一定的稳定性,但稳定是相对的、有条件的,不是一成不变的。因为形成教师威信的主客观条件是处于不断变化之中的,只要某一方面的条件发生了较大变化,教师的威信就会受到影响。因此,教师威信形成之后,维护和发展已形成的威信也十分重要。

教师威信的维护和发展主要包括:巩固已获得的威信;发展不全面的威信为全面的威信;发展低水平的威信为高水平的威信;防止威信的下降和丧失;提高威信的教育影响力等。

教师要具有全面的威信是很困难的。有的教师在业务方面有较高的水平,但在生活方面有些缺点,便没有了威信;有的教师在道德品质方面受到学生的尊敬,由于业务方面的浅薄,也有可能受到学生的轻视。只有德才兼备的教师,才能树立多方面的威信。同样,教师威信的维护与发展,关键在于教师本身所具有的以下几个方面的特征。

(1)教师作为教育工作者,应当具备开阔的胸襟和严谨务实的态度。一位具有威信的教师,并不意味着其必须是完美无缺、毫无瑕疵的圣人。在教育实践中,教师难免会遇到各种问题和挑战,关键在于他们是否拥有宽广的胸怀,勇于直面问题,敢于实事求是地承认并及时纠正自己的不足和错误。教师敢于正视并改正自己的缺点和错误,不仅不会削弱其威信,反而能够提升在学生心中的敬重和信任。

(2)教师应深刻理解和妥善运用自身的威信。为确保和提升其威信,首要之务是明确区分威信与威严。唯有如此，教师方能妥善维护其威信。若教师未能正确区分两者，可能因维护威信而过度使用威严，伤害学生的自尊心，挫伤其积极性和对教师的情感，进而削弱学生对教师的信任和尊重。最终，此举将导致教师威信的下降。

（3）教师肩负着培育青年一代的重要使命，必须秉持持续奋进的敬业精神。在履行"传道""授业""解惑"的职责过程中，教师应紧跟时代步伐，根据社会的变迁和教育对象的特点，不断更新自身的知识体系和思想观念，提升自身的科学文化素质。这不仅能满足学生日益增长的发展需求，更是助力他们顺利成才的关键所在。教师这种不懈进取的敬业精神，将赢得学生的由衷敬佩，进一步巩固和提升教师在学生心中的地位和威信。

（4）言行一致，树立典范，积极担当学生成长引路人。作为社会文化知识与道德规范的传承者，教师不仅要负责组织、指导和评价学生的学习活动，更要以身作则，通过自身的言行举止，培养和熏陶学生的道德品质与情操。因此，教师在学生心中应成为知识渊博、遵规守纪、文明有礼、道德高尚的楷模。若教师的言行与学生所期待的典范形象相悖，其威信必将受损；而若教师的言行与学生所希望的典范形象相符，则不仅能提升教育的感染力，更能强化教师在学生心中的典范地位，从而赢得学生的高度信赖与崇敬。

二、师爱

（一）师爱的概念

师爱即教师对学生的爱，是在教育实践中，由教师的理智感、美感和道德感凝聚而成的一种高尚的情感。它既是一种积极的情感，又是一种强大的教育力量和手段，同时还是建立良好师生关系的感情基础。在过去的教育活动中，许多优秀教师就是凭着博大、无私、公正、深沉、严格的爱培养出一批又一批的优秀人才，挽救了许多误入歧途的青少年。

师爱作为一种特殊性社会情感，在未来的教育发展中，将不断发挥它独有的社会功能、教育功能，它对学生的心理和行为都将起着非常重要的作用，把师爱由自发性变为自觉性，对广大教师来说是非常必要的。

（二）师爱的基本特征

1. 师爱的职业对象性

教师以教育培养人才为使命。职业活动的对象决定了他们必须全心全意热爱学生，这是教育工作得以顺利进行和持续发展的基础。在教育工作中，师爱是不可或缺的重要元素。教师的职业活动，离不开对教育事业和学生成长的热爱与关怀。这种师爱不仅是教师职业活动的必然要求，更是体现教师责任感和事业心的显著标志。师爱的职业对象性特点，不是自发性的，而是自我意识形成的。教师被形象地称为红烛，来赞誉他们以无私的奉献和燃烧自我的精神，说明教师对学生热情和甘于奉献的高尚品质受到了肯定。

2. 师爱的原则性

师爱，作为一种崇高且庄重的情感，承载着人才培养的崇高使命。因此，它绝非无原则的溺爱。拥有师爱的教师既要关爱每一个学生，又必须对他们提出严格要求，确保每一位学生都能按照既定的培养目标茁壮成长。师爱既是温暖的关怀，也是坚定的引导。正因如此，师爱和母爱之间存在着根本的区别，使得师爱在学生成长过程中能够发挥母爱所不具备的功能。

3. 师爱的广博性

对学生而言，师爱是一种普遍而无私的关爱，它不受学生外貌、智力或行为表现的影响。师爱坚持公平原则，不偏袒任何一方，既关注那些聪明伶俐、成绩优秀的学生，也关心那些学习困难、行为不端的学生，展现出教师广博的师爱之情。缺乏广泛的视野和理解，可能会导致个人偏好和偏见，从而破坏了师生之间本应该是客观的关系，将其转变成了个人之间的私人情感。这种情况下，师爱就会失去高尚的品质，变得平庸、不正常，对师生关系造成危害，影响教育、教学的正常进行。

（三）师爱的表现形式

1. 关怀和爱护学生

对学生真正的关怀，是展现教师关爱之心的基石。爱护学生，意味着积极促进他们身心发展的积极因素，并努力抑制消极不利因素。尤其对于品德存在偏差、学习成绩落后的学生，无论是宽恕还是责罚，都应秉持教育的初心，不得姑息迁就,更不可放任自流,而应深入发掘并珍视他们身上的"闪光点"。这种关怀与爱护有助于消除师生间的隔阂与对立,激发学生的学习热情,使他们深切感受到学校和集体的温暖。

2. 尊重和信任学生

尊重学生是教育工作的核心原则,这一原则体现在对学生人格尊严的尊重上。师生之间应当建立一种基于民主和平等的互动关系,确保学生的自尊心不受任何形式的伤害。尊重与信任二者相辅相成,信任本身就是尊重的一种体现。作为教师,应当坚信每个学生都具有发展的潜力和可能性,通过教育引导和集体支持,他们都能成长为对社会有贡献的人才。然而,这种信任并非盲目或轻率,它建立在对学生深入了解、全面理解和充分尊重的基础之上。

3. 同情和理解学生

这里所说的同情是指教师应向那些天赋不足、生理有缺陷、学习成绩落后、犯错或遭遇不幸的学生表达关怀与同情。通过表达同情,教师旨在激发学生的上进心,唤醒他们的自信心和自尊心,帮助他们摆脱自卑感,排除他们的烦恼和悲伤。在此过程中,教师应以热情和温暖的态度鼓励学生充满信心地面对学习和生活。至于理解,有人认为它是爱的另一种表达方式。确实,理解是一种理智的爱,是构建良好师生关系的关键心理因素。要理解学生,首先要深入了解他们的心理世界,正确认识和对待他们各种各样的行为表现,并透过表面现象寻找合理的解释。因此,教师在看待学生时,不应仅从自身立场出发,而应设身处地地为学生着想,从学生的身心发展规律和特点出发,去认识、评价他们的言行举止。

4. 热情期望与严格要求

一位带着坚定信念和对学生充满热爱的教师,总是怀着热情的期待,展现出真挚自然的师生之情。将严格要求与热情期望结合起来,使教育的本质和目标变得明确,从而使教育超越了一般情感范畴。放松对标准的坚持,师爱便会迷失方向。严格要求主要体现在教师的教育态度严谨、纪律要求严格,并对必要的行为进行严肃处理。有时候,老师可能会发脾气,以唤醒和提醒一些学生。简而言之,师爱包含了教师的温柔、和谐、热情和亲切,同时也包含了严格的要求。

第四章 高校学生情绪与人格管理

本章为高校学生情绪与人格管理，一共分为四个部分：情绪的基本知识、高校学生不良情绪的识别、高校学生人格的表现与影响因素、教育心理学在高校学生情绪与人格管理中的应用。

第一节 情绪的基本知识

情绪是大脑对外部事物的一种反馈机制。快乐、悲伤、愤怒，这些情绪是动物和人所共同具有的，情绪作为一种普适性的大脑对行为的调控手段，在生物界中是广泛存在的。

一、情绪的概念

"情绪"一词的英文词根是 move，意思是"动"，情绪确实能使人"动起来"。情绪是人类内心复杂的精神活动，反映着个体对于客观事物的主观态度。情绪与人的基本适应性行为息息相关，紧密地联系着个体的需要和动机。例如，当个体的某种需求得到满足或目的得以实现时，他会体验到愉悦；反之，若需求未得到满足或目的受挫，则可能感到悲伤。由此可见，情绪实质上是大脑对客观事物与个体需求之间关系所作出的反应，是个体对于客观事物是否符合自身需求和内心期望的主观感受与体验。

一般来说，情绪发生的时间短暂，而且容易变化。人们通常以愤怒、恐惧、悲伤、喜爱、快乐、惊讶、厌恶、羞耻等反应来表达情绪，中国人常说的喜、怒、忧、思、悲、恐、惊也可以被称作情绪。

二、情绪的组成要素

情绪的遗传特性是不容忽视的。人类基本情绪如恐惧、愤怒、喜悦和悲伤等，均为遗传而来，而成人所展现的复杂多变的情绪则是后天环境和社会交往中所习得的。情绪作为心理特征的重要组成部分，嵌入于个体的人格结构之中，它源于主体对客观环境及其周边人群的内在主观需求。这种需求的存在，构成了情绪产生和发展的根本动因。面对如此复杂的情绪现象，心理学家将情绪的结构归纳为3个方面，这也是情绪的3个要素：一是内省的情绪体验，二是外在的情绪表现，三是情绪的生理变化。

（一）内省的情绪体验

内省的情绪体验，简而言之，即个体对自身情绪状态的内在感知。这种感知涉及情绪的强度、紧张程度、愉悦感以及复杂程度四个核心维度。内省的情绪体验，作为大脑对客观环境和现实的重要反馈机制，反映了人类对自身情感状态的高度认识。值得注意的是，这种反应方式显著区别于感知、知觉及思维过程，意味着情绪活动并不同于纯粹的认知活动。情绪并非对客观事物固有属性的直接映射，而是深受个体主观需求与情感色彩影响的一种心理现象。

（二）外在的情绪表现

情绪的外在表现即表情，包括面部表情、言语表情和体态表情。在情绪激动时，人们往往会自动作出特定的动作反应，包括脸部表情和身体姿势，通常也会伴随着特定的语言表达。有些人在面对悲伤的情境时会表现出沮丧和哀伤的情绪，而在经历快乐时则会展现出兴高采烈的喜悦表情。一个常见的例子是范进中举后，情绪激动地跳起来喊道："我中了！"可以说表情在情绪体验中扮演着重要角色，它是情绪的一部分，同时也是情绪状态的外在体现，用以传达情绪信息。

（三）情绪的生理变化

情绪与生理变化紧密相连，情绪的产生与持续主要受到脑和神经系统的调控。在这一过程中，大脑皮层的神经元会产生兴奋，而皮下中枢，包括海马体、丘脑和脑干网状结构等，则负责传递与反馈信息，精准协调和支持脑的活动水平与情绪状态。在脑与神经系统发生变化的过程中，机体内其他各个内脏器官亦将经历相应的生理变化，诸如呼吸节奏的改变、心跳速率的提升等。这种生理变化在情绪体系中起到了桥梁和纽带的作用，它不仅加深了情绪的主观体验，使情感更加深刻和细腻，同时为外在的情绪表现提供了稳固的基础，使得情感得以通过言语和行为表达出来。

三、情绪的影响

（一）正常情绪的影响

正常的情绪反应应满足以下条件：第一，是由适当的原因引起的，并且该原因被当事者所觉知；第二，情绪反应的强度应与造成情绪反应的环境相称；第三，当导致情绪的因素消失后，反应会根据情况逐渐平静下来。

只要是正常的情绪反应，不管是积极情绪如愉快、兴奋等，还是消极情绪如焦虑、沮丧等，都在一定程度上有助于个体对自身行为的适应和调控。

（1）保持愉悦稳定的情绪，有助于促进大脑达到最佳的工作状态，从而协调身体各器官和系统的活动，实现整体机能的和谐统一。这种状态不仅有利于增进食欲、保持稳定的睡眠、使人充满活力，还能充分激发和挖掘生物体的内在潜能，全面提升脑力和体力劳动的效能与持久力。

（2）积极的情绪状态有助于维持免疫系统的平衡以及体内化学物质的稳定，从而有效提升机体对疾病的抵抗能力。研究显示，长寿的老年人多数生活在融洽和睦的家庭环境中，拥有积极乐观的心态，远离精神压力的影响。这表明，积极的情绪对于维持和促进健康具有不可忽视的作用。

（3）维持积极、乐观和幸福的态度有助于吸引他人的好感，促进建立良好的人际关系。一个人是否具有适应周围环境的能力，可以通过他们是否具有笑容来判断。尽管这种说法有些夸张，但诚挚的微笑无疑会让他人受到感染。当陌生客人到来时，可以互相微笑，然后握手并开始交谈；通过微笑表达歉意，可以获得宽恕；当与来自异国的朋友相遇时，微笑一下，就能增进彼此之间的心灵沟通。

（4）适当的焦虑、忧愁、恐惧、愤怒等情绪表现，在一定程度上能激发人们的自我意识和应激反应，同样有助于促进个人成长。在合理范围内存在的焦虑情绪，可以激发个体的脑力和神经系统的活跃程度，促使其思维更为敏捷，反应更为迅速，对工作和学习都有一定的积极影响。常有人说，困难能激发人的斗志，而舒适会让人变得懈怠。革命者要时刻牵挂国家和人民，关注整个社会的利益，这表明对社会问题的忧虑也有正面的作用。过度恐惧是不寻常的，但完全没有恐惧感也是一种心理异常。保持适度的恐惧感，可以提醒人们保持警觉，预防潜在的危险和失败，以便更好地应对生活中的各种挑战和风险。恐惧会引发身体的应激反应，包括交感神经的兴奋、肾上腺激素的增加，以及呼吸、心跳加快，血压升高等生理变化。为了应对潜在的危险情况，身体会调动更多的能量供给大脑和肌肉组织。人们在愤怒时也会产生类似强烈的情感反应。

（二）不良情绪的影响

不良情绪主要有两种情况：一是强烈的情绪反应，二是持续的消极情绪。这两种不良情绪都对人类健康和社会适应有害。

1. 强烈的情绪反应

尽管情绪主要受大脑皮层的控制，但当这部分活跃过高时，会抑制大脑皮层的高级认知功能，比如推理和判断，导致认知范围缩小，无法准确评估行动的意义和后果，从而降低自控能力，导致行为受干扰，严重影响人的工作效率。国外科研机构曾进行过一项研究，旨在探究在紧张状态下个体的决策能力。实验中，数名大学生被分别引导进入一个设有四个门的实验室，其中仅有一门可开启并通向出口。通常情况下，若受试者依序尝试打开每个门，便能迅速找到出路。然而，当实验者同时对受试者施加冷水、电击、强光、噪音等多重强烈刺激时，受试者就会处于极度紧张状态，部分受试者出现了明显的慌乱情绪，无法有条不紊地寻找出口，而是四处奔跑，反复尝试已经试图打开的门。在日常生活中，我们经常看到有人因情绪激动而失去理智的情况。就像某些平时成绩优异的学生在考试时因紧张而发挥失常，运动员在赛场上因情绪紧张而影响比赛表现等，这都是典型的例子。此外，情绪过于紧张可能导致人们表现出超出承受范围的情绪压抑，比如一个人被某事惊呆或因某事愤怒到无法开口。

2. 持续的消极情绪

在人们感到忧郁、紧张、恐惧、生气、悲伤、痛苦时，通常会出现一系列生理变化，这类反应在情绪消退后会逐渐恢复正常。一般情况下，这种变化的持续时间较短，通常不会带来任何负面影响。但如果情绪持续时间较长，相关的生理变化也会相应延长。随着时间的推移，这些变化可能会通过神经和化学机制影响呼吸、消化、心血管、泌尿生殖以及内分泌系统，导致各种身体疾病。

四、大学生的情绪特点

大学时期，作为青少年心理成熟的关键阶段，不仅是情绪丰富、多变且相对不稳定的时期，更是塑造健康心理的重要时期。在这一阶段，大学生的情绪展现出鲜明的特点，对于其个人成长和社会发展具有深远的影响。

（一）丰富性和复杂性

从生理和心理成长的角度来看，大学生正处于充满梦想与激情的阶段，在这一阶段，他们经历了丰富多彩的情绪体验，几乎涵盖了人类情感谱系中的各类情绪。然而，这些情绪在他们每个人内心所引发的强度却各有差异。举例来说，当面临悲伤情境时，大学生可能会表现出悲伤、遗憾、失望、难过、哀痛甚至绝望等多种情感状态。这些情感构成了他们丰富多彩的精神世界，也是他们成长过程中的重要组成部分。从自我认知的角度来看，大学生更注重个人体验，非常关注自尊心的满足，并且可能更容易陷入自卑、自负等情绪波动之中。从社会发展的宏观视角来看，当今大学生的社交领域正逐步拓宽，他们与同学、朋友、师长之间的交流互动日益密切和深入。部分大学生已经开始涉足一种更为复杂且微妙的情感领域——爱情。爱情作为一种深层次的情感体验，往往伴随着更为丰富的情感波动和感悟，对大学生的人生成长与价值观塑造产生着不可忽视的重要影响。大学生在情感体验上展现出多样化，通常会在面对社会、文化、抽象概念和复杂情况时感到恐惧，比如担心考试、害怕与陌生人交流、担心会受罚、害怕孤独等。

（二）波动性和两极性

在大学阶段，随着学业的深入，大学生们不仅能够积累知识，更能在这一过程中收获珍贵的友情和爱情。同时，他们面临着来自社交圈、家庭、学校以及日常生活等各方面的因素影响，这些因素都会在一定程度上影响他们的情绪状态。尽管大学生的理解力和情绪调控能力相较之前已有所提升，但相较于成年人，大学生的情绪仍然较为敏感，容易受到外界因素的影响，情绪波动也相对较大。在这一阶段，一句话、一首歌、一件小事，往往都有可能成为触发他们情感波动的因素。在社会转型与变迁的大背景下，大学生更容易产生困惑和情绪波动。

此外，大学生的自我认知、职业规划以及心理成长均未达到成熟水平，因此情绪波动较大，具有鲜明的两极化特点。一方面，当获得成功或处于顺境时，他们可能表现出过分的自信与自满；另一方面，在遭遇挫折或处于逆境时，又容易陷入悲观失望的情绪中。他们的情绪状态可能在短时间内发生剧烈波动，时而快乐，时而抑郁。

（三）冲动性与爆发性

根据美国心理学家霍尔的观点，青年期是人从"蒙昧时代"向"文明时代"转变的关键过渡时期，它充满了变化和挑战，对于个体发展具有深远的影响。霍尔将这个时期的特点形象地比喻为"狂风暴雨"。

随着知识水平和认知能力的提升，大学生具备了更强的情绪管理能力，能够自主调控个人情绪。但是，因为他们对各种事物感兴趣并且对外部刺激敏感，在诸多情形下，他们的情绪反应较为强烈，容易受外部因素影响而产生波动。他们往往对那些与他们信仰、观念和理想相契合的事件或行为展现出热情高涨的态度；而对那些违背他们信仰、观念和理想的事件或行为表现出负面情绪。有些人追求目标时可能过于执着，一旦遇到挫折就很容易气馁，情绪波动较大。

大学生在面对强烈外部刺激时，往往缺乏有效的自我控制能力，会导致情绪突然失控，冲动驱使下表现出失控的言行举止，一时间忽略了周围环境。

（四）阶段性和层次性

在大学阶段，随着年级的递增，学生的培养目标和重点逐渐发生变化，这也导致教育手段和课程设置必须随之调整。大学生因所处年级不同，所面临的挑战和困惑亦有所区别，进而表现出不同的情绪特征。这些特征既具有阶段性，又呈现出层次性，是大学生成长过程中的重要体现。

大学新生正迎来人生的新篇章，他们必须适应全新的学习和生活环境，转变学习方式，掌握新的学习方法和技巧，同时还需明确个人的奋斗目标，确立未来的发展方向。新生的自信与自我怀疑交织，轻松与紧张并存，新奇感与怀旧情怀迭起，情绪起伏不定。经过一年的适应期，二、三年级的大学生已经顺利完成了从新生到老生的转变，他们的情绪状态日趋稳定，能够更好地投入到学习和生活中。毕业生则因为正在面临毕业论文（毕业设计）及就业等重大挑战，往往容易产生较为明显的情绪波动和消极情绪。此外，因社会环境、家庭背景以及个人诉求和期望具有差异性，加之每个人在能力和心理素质上的不同，大学生在情绪状态上也会呈现出多样化的表现。

（五）外显性与内隐性

大学生对外界刺激的反应较为迅速和敏感，他们常常会在脸上展现出喜悦、愤怒、悲伤和快乐的情绪。与中小学生相比，大学生更倾向于在表达情感时采用含蓄、内敛的方式。在多数情况下，大学生的情绪表现较为明显，易于观察。例如，当他们在考试中取得卓越成绩或在体育竞赛中取得胜利时，他们会立刻展现出喜悦的神情。然而，随着他们控制力的提升，以及思维独立性和自我价值感的增强，大学生的情感表达并不总是与内心体验完全一致。在某些情况下，一些大学生会有意识地掩饰或控制个人情感的表达，往往展现出一种内敛而含蓄的风格。对于学习、交友、恋爱和职业选择等具体问题，他们通常保持低调。此外，随着社会适应能力的增强和心智的日益成熟，他们学会了根据实际情况、具体规则或特定目标去调控情绪，从而造成了他们的外在表现与内心感受之间存在一定的差异。就比如一些学生明明对异性产生好感，却常常表现出一种贬低、忽视对方的态度。

第二节 高校学生不良情绪的识别

一、大学生不良情绪的表现

（一）焦虑情绪

焦虑是一种普遍的情绪反应，表现为过度担忧、紧张或害怕（即使没有明显的外部威胁）。大学生焦虑的表现形式包括持续的担忧和紧张、难以控制的过度担忧、睡眠障碍（如难以入睡或睡眠质量差）、集中注意力困难、身体症状（如胃痛、头痛、心悸等）以及避免某些情境或活动等。外部特征主要是面部紧绷、愁眉深锁、行动刻板、无法安静、两手常做无意识的小动作等。大学生的焦虑有各种各样的表现，引起焦虑的原因也各不相同，主要原因包括在学习、工作、人际交往方面遇到了挫折。

1. 适应困难产生的焦虑

很多大学生在入学以前，生活上的事都由父母包办，自己的生活自理能力很差，上大学后一切都要自己做又不知该如何去做，整日因考虑生活琐事而焦虑。许多大学生习惯了高中那种被动的学习方式，对于把大量时间留给自己主动自学的方式感到茫然，不得要领，最终因成绩下降而忧心忡忡。

2. 考试焦虑

考试焦虑是指个体在面对考试或类似评估情境时所经历的一系列情绪、认知和身体反应，这种焦虑状态通常与对可能的失败及其后果的过度担忧有关。它是教育心理学和临床心理学领域广泛研究的主题之一，因为它不仅影响学生的学业表现，还可能对其长期的心理健康产生负面影响。

考试焦虑可视为一种特定情境下的表现焦虑，它包括两个主要组成部分：情绪（或生理）组成和认知（或担忧）组成。情绪组成指的是个体在焦虑状态下可能经历的生理反应，如心跳加速、出汗、颤抖等。而认知组成则涉及个体对考试结果的消极预期、过度担忧以及对自我能力的质疑。

考试焦虑的表现形式多样，从轻微的不安和紧张到严重的恐慌和逃避行为都有可能。在轻微的情况下，学生可能会经历担忧和疑虑，但仍能够完成考试。在更严重的情况下，考试焦虑可能导致个体出现记忆力下降、集中注意力困难，甚至身体不适，如头痛、恶心等，这些反应进一步加剧了考试的难度，形成了一个恶性循环。

3. 选择性焦虑

选择性焦虑是一个心理学概念，它描述的是一个人在面临多个选项时，由于害怕作出错误选择而产生的紧张和不安。这种焦虑的情绪现象在大学生群体中较为常见，因为在这个阶段，他们需要作出许多关键性决定，如专业选择、职业规划以及人际关系的建立等。这些决策往往对个人未来具有深远的影响，因此产生的心理压力相当大。

选择性焦虑这个概念与"分析瘫痪"（analysis paralysis）有关，后者是指当一个人面对太多选择时，由于过度分析而无法作出任何决定的状态。选择性焦虑不仅包括无法决策，它还涵盖了决策前后的不安、恐惧以及潜在的后悔感。即使作出了选择，个体可能也会因为"错失了更好的选项"而持续感到焦虑。

选择性焦虑的核心在于"选择"的痛苦。在一个充满无数选择的世界里，大学生面临的选择远比以往任何时代都多。从课程到职业发展，再到社交媒体上的表现，每一项选择都能在某种程度上塑造他们的身份和未来。随着信息的增加和生活节奏的加快，这种焦虑感也在不断升级。

在大学环境中，选择性焦虑可能会在几个不同的层面上出现。在学术方面，学生可能会焦虑于选择哪门课程会为他们的未来带来最大的益处，或者是挑选哪个专业最能确保就业成功。在社交层面，他们可能会对于如何在同伴中选择朋友、参与哪个学生组织或活动感到焦虑，这些决策在他们看来可能会对其社交圈产生重要的影响。

（二）忧郁情绪

忧郁是一种深沉的悲伤或不满情绪，通常伴随着对生活的失望、孤独感或沉思。大学生的忧郁情绪多表现为兴趣丧失、反应迟钝、多愁善感、自寻烦恼，干什么事都无精打采、郁郁寡欢，对于不幸的遭遇过度敏感，对于可喜的事物却麻木不仁，经常处于苦闷和孤独状态。从心理学上分析，产生忧郁情绪的大学生大多数具有抑郁性气质的特征，一般表现为情绪低落、自卑懦弱、多疑孤僻、缺乏毅力，在性格上属于内倾型。这种人一般适应环境困难、不善交际、感情冷淡内向、富于幻想而少实际行动。此外，长期努力得不到补偿而感到失望，或几经挫折屡遭劫难而缺乏思想准备和心理准备，也是造成大学生忧郁情绪的原因。忧郁情绪在大学生中以轻度表现为多，若及时调节，一般能够转化。但若连续受挫且强度过大，而又没有及时调节，则可能失去战胜挫折的勇气。没有控制悲观情绪的能力，缺乏弥补缺失的条件和机会，长年累月感到悲观绝望，自疚懊丧，孤寂自卑，消极怕事，思维杂乱，未老先衰，从自卑自责走向自暴自弃，以致失去生活的勇气，甚至走上自我毁灭的道路。这是应该引起高度警觉的。

（三）嫉妒情绪

嫉妒是一种主体感到不如别人而又不愿承认、不能容忍，导致猜疑、焦虑、憎恶、敌意，怨恨的情绪体验。大学生嫉妒情绪的主要表现是无法容忍他人的优点和进步，对人品好、学习棒、能力强的同学不承认也不服气，非要与其比高低、分上下、争输赢；难以如愿时就多方诋毁别人的名誉和成绩，以发现别人的缺陷、看到别人的失败为快慰。对要求进步或有可能超过自己的同学冷嘲热讽，有的则公开他人的私人秘密；有时为了压倒别人，还会为一点小事寻衅闹事，等等。大学生嫉妒情绪产生的主要原因是当事人不自信、缺乏自知之明，既看不到自身的不足，又不愿承认别人比自己强，同时又没有把握赶上别人。这种心理矛盾反映在情绪上，就容易产生嫉妒。此外，那些自尊心和优越感比较强的大学生，在他们认为被别人"不公正"地低估、评价时，在他们感到属于自己的东西（人或物）存在着被别人夺去的可能时，往往也会产生强烈的嫉妒心。大学生的嫉妒情绪是可以转化的。若正视自己的弱点，承认别人的长处而自我升华，则可以奋起直追、赶超他人；若任嫉妒情绪发展蔓延，则可能咬牙切齿、愤愤不平，或消极沉沦、一蹶不振，或铤而走险、恶意报复，给自己和他人带来损害。

（四）骄傲情绪

骄傲是一种认为自己了不起，什么都比别人强，因而看不起别人的情绪体验。大学生的骄傲情绪不像中小学生那样外露明显，趾高气扬，是一种内在的、排斥他人的心理状态。常常表现为对他人的言谈或举止等不屑一顾或熟视无睹，沾沾自喜，恃才傲物，居高临下；对他人轻慢无礼多加指责，极少首肯，对需要帮助的同学爱理不理，颇不耐烦；自己的一举一动都带有明显的傲气和睥睨一切的轻狂。有骄傲情绪的大学生一般都有一些值得"骄傲"的资本，诸如聪敏机灵、成绩优异等，但并非有这些特点的大学生都有骄傲情绪。产生骄傲情绪的主要原因是当事人自视过高、盲目乐观、优越感太强，看不到别人的优点和自己的不足，不能全面、理智、清醒地看待自己和评价他人，过于放纵自己也苛求他人。大学生骄傲的直接后果是上进心削弱，人际关系僵硬，失去他人的尊重和信任，严重的会助长自私自利及极端个人主义的恶性膨胀。

（五）冷漠情绪

冷漠是一种对周围的人或事无动于衷、漠不关心、置之不理的情绪体验，是个体对挫折的一种退缩式反应。一般而言，青年大学生血气方刚、情感丰富、富于激情，但也有少数大学生情绪冷漠。具体表现是不关心国家大事，不关心他人痛痒，对自己的进步、人生的价值、国家的前途等漠然置之；意志衰退，看破红尘，丧失了生活的乐趣；对周围所发生的一切感到无动于衷、索然无味，安于现状、心灰意冷，缺乏进取精神、得过且过，终日随波逐流混日子；等等。引起大学生情绪冷漠的主要原因是当事人对战胜挫折、克服困难自感无能为力，因而失去信心和勇气，对原先追求的目标逐渐失去兴趣以至无动于衷、甘心退让，表现出漠不关心的麻木冷漠。此外，缺乏家庭温暖，缺乏安全、信任、受尊重的社会环境，也会造成部分大学生性格孤僻、情绪冷漠麻木、行为粗野无礼。

时代的前进和社会的发展，使许多传统观念发生了巨大变化，对大学生产生了强大的压力和冲击波，造成他们的心理不平衡和诸多矛盾。出现种种异常情绪是不足为奇的，这也正是大学生的情绪趋于成熟稳定的必然过程。问题不在于出现了多少种异常情绪，而在于对这些异常情绪的自觉控制和积极调节。情绪控制和调节得当，将促进大学生的心理健康协调发展。

二、不良情绪对大学生的影响

（一）情绪影响人的健康

正面情绪能为大学生打开一扇通往健康状态的门。在心理层面，经常体验正面情绪的大学生往往拥有更强的自我效能感和自尊心，这有助于他们在面对挑战时保持乐观态度，从而减少压力和焦虑感。正面情绪还与较低的抑郁症风险相关联，因为它们可以促进大脑中正向化学物质的产生，如多巴胺和血清素，这些物质能够调节情绪和改善心情。在生理层面，正面情绪可以提高免疫系统功能，使大学生更能抵抗疾病，还能促进心血管健康，降低患心脏病的风险。此外，正情绪还可能有助于缩短疾病恢复时间，并且能增强大学生对健康信息的接收和处理能力，从而促使他们采取更健康的生活方式。

与正面情绪相反，负面情绪会威胁大学生的健康，甚至会罹患严重疾病。比如，长期情绪激动、焦虑或愤怒，会使胃酸分泌持续升高，使充血的胃黏膜发生糜烂，由此发展为胃溃疡。

（二）情绪影响智力活动和智力发展

人们在知觉和记忆中进行着对信息的选择和加工，情绪就像是一种侦察机构，监视着信息的流动。在分析情绪与智力活动的关系时,可从情绪对认知过程、学习效率、记忆与决策等多个方面进行探讨。

首先,情绪对认知过程有着显著影响。正面情绪通常与更好的认知功能相关,比如创造性思维和问题解决能力。此外,当个体处于愉悦状态时,其思维方式更为开放、灵活,能更快地整合新信息,从而促使认知过程更加高效。相比之下,负面情绪则可能导致认知资源的分散。例如,焦虑或抑郁往往使人难以集中注意力,这不利于学生进行信息处理和学习,因为认知资源被分配用于处理情绪反应,而不是外界任务。

情绪对学习效率也有深远影响。情绪状态可以影响个体的学习动机和学习策略的选择。例如,正面情绪能增强学习动力,激发内在的学习兴趣,有助于学习者更好地吸收和掌握新知识。另一方面,长期的负面情绪状态,如挫败感或无望感,可能导致学习动力的下降,从而影响智力的进一步发展。

情绪同样会对记忆产生显著影响。积极的情绪状态可以促进记忆的形成和提取,使人们更容易回忆起与当前情绪状态相一致的信息。相反,负面情绪则可能阻碍记忆的形成或增加忘记的概率。情绪对记忆的影响还表现在情绪事件本身通常更容易被记住,这说明情绪激活了特定的神经回路,进而加强了记忆追踪的形成。

此外,情绪还会对决策过程产生影响。情绪状态可作为一种内部信号,影响人们的风险评估和选择偏好。例如,在积极情绪的影响下,个体可能更愿意采取冒险的行动;而在消极情绪的影响下,则可能倾向于更加谨慎或保守的选择。情绪对决策的影响也与智力发展紧密相关,因为它影响了人们处理问题和挑战的能力,尤其是在社会互动和职业生涯决策等方面。

情绪还能通过其对大脑结构和功能的长期影响来影响智力发展。长期的情绪状态,特别是慢性应激,已被证明对大脑的神经可塑性有负面影响。例如,长期的应激可能导致海马体(与记忆和学习相关的大脑区域)的萎缩,进而对认知能力造成长期损害。相反,积极的情绪体验和应对策略可能会增强神经可塑性,从而有助于认知功能的保持和提升。

(三)情绪影响人格的全面发展

情绪的积极与否可以显著影响个体的自我认知、自我调节以及社会技能。具备积极情绪的大学生往往能够更好地理解和管理自己的情绪,这有助于他们建立健全的自我概念和自尊。自我概念的清晰与自尊的稳定是人格全面发展的重要组成部分,能够促进个体在学业、兴趣和职业规划上作出更为合理的选择。

(四)情绪影响社会交往和人际关系

相对于情绪稳定的学生,情绪波动较大的学生可能在人际交往中遇到更多的挑战。情绪调节不良可能导致人际沟通障碍,进而影响到人际关系的建立和维护。例如,无法有效处理负面情绪的学生可能在压力大时过于情绪化,这会影响团队合作,减少同伴间的互信和互助。此外,情绪也与同理心紧密相关,同理心是理解他人情感和观点的能力。大学生在人际互动中表现出的同理心对形成稳定的社会支持网络至关重要。那些展示出较高同理心的学生在解决冲突和建立深层关系方面更为容易。

第三节 高校学生人格的表现与影响因素

一、大学生健全人格表现

(一)正确的自我意识

自我意识是指个体对自我存在和自我属性的认识与理解。具有健全人格的大学生通常有较高的自我意识水平。他们能够识别自己的强项和弱点,并据此设置合理的学业目标和职业目标。此外,他们还能够自觉地反省个人行为,理解自己的情感和动机。通过这种自我认知的提升,他们能更好地管理自己的学业和社交活动,形成独立和自主的个性。

(二)良好的社会适应能力

社会适应力指的是个体在面对社会环境变化时,能够有效调整自己行为和思想,以达到与环境的和谐相处。在大学环境中,拥有良好社会适应力的学生能够快速适应大学生活的各种新挑战。他们能够在不同的社会角色和文化环境中转换自如,同时在团队合作和社会交往中展现出色的协调能力。这种适应力有助于他们构建广泛的社交网络,加强社会支持系统,从而在学习和日常生活中取得更好的成绩。

(三) 和谐融洽的人际关系

人际关系的建立和维护是健全人格的又一重要方面。心理健康的大学生能够在人际交往中形成稳定而和谐的关系。他们倾向于用积极、富有同理心的态度对待他人,并能在冲突中展现出高度的沟通技巧和调解能力。这些学生通常能够在人际关系中保持诚实、尊重和公正,这有助于他们建立深厚的友谊,以及在学术和专业领域内形成有效合作。

(四) 积极乐观的生活态度

生活态度是个体面对生活事件和挑战时的心态和行为模式。拥有健全人格的大学生往往持有积极向上的生活态度。他们把挑战视为成长的机会,即使在面对失败和挫折时也能保持乐观并从中吸取教训。这样的态度使他们能够迅速从逆境中恢复过来,并将注意力集中在实现个人目标和梦想上。

(五) 良好的情绪控制力

情绪控制力是一个人在面对压力和情绪波动时,能够有效管理自己情绪反应的能力。健康的情绪控制能力对于大学生而言至关重要,因为这有助于他们在学习和人际交往中保持清晰的思维和稳定的行为。具有健全人格的大学生通常具备良好的情绪调节能力,他们知道如何应对紧张、压力和失望,能够通过积极的方式来应对生活中的挑战,如进行体育活动、深呼吸和冥想。

二、大学生不良人格表现

(一) 以自我为中心

以自我为中心指以自己意志为主导,将自我作为思考问题的出发点与归宿,过分关注自我,不顾及他人利益和思想,从而在行动上和观念上表现出自私自利、我行我素的特征和处世态度。以自我为中心的人过多考虑自己的需要,忽视他人的需要和存在,对别人缺少关心和谅解,绝对不允许他人对自己的利益构成伤害和威胁。将这种心理和行为带到大学的集体生活中时,矛盾和冲突就会出现,对大学生健康成长和成才有害。

（二）无聊

无聊是一种普遍的消极情绪，通常表现为对手头活动、环境或生活状态的兴趣缺失和注意力难以集中。这种情绪往往源于活动的单调重复、缺乏新鲜感或挑战，以及无法满足个人期望和需求的情况。无聊不仅减少了个体的活力和参与度，还可能导致情绪低落、焦虑和其他心理健康问题。克服无聊心理的根本方法是确立恰当的人生目标，并由人生目标牵引着实现自己的人生价值。

（三）悲观

悲观情绪以对未来事件的负面结果为焦点，常常伴随着失望、沮丧和动力缺失。悲观者往往倾向于预测最坏的情况，忽视或低估积极结果的可能性。这种心态不仅影响个人的情绪和行为，而且可能影响到他们的决策过程，使他们在面临挑战和机遇时采取过于谨慎或消极的态度。

（四）不良意志品质

不良意志品质是指意志发展的不良倾向，主要表现为意志力薄弱、决策力低下、缺乏自控力和持久性。拥有这类人格特征的个体往往难以抵抗外界诱惑，面对挑战和困难时容易放弃，缺乏坚持到底的毅力和决心。在实现个人目标和承担社会责任方面，他们往往表现出明显的不积极性，从而影响到个人的学习、工作以及社会交往等诸多方面。

（五）拖拉

拖拉指可以在某时完成的事而不及时完成，今天推明天，明天推后天。一方面拖拉耽误学习、工作，到头来匆匆忙忙去做，影响质量；另一方面拖拉并没有使人因此而轻松些，相反会导致人的心理压力更大，引起焦虑，并且会阻碍其他重要活动的进行。拖拉一旦成为习惯，危害很大。

（六）急躁

急躁是一种容易被外界刺激或内在情绪激发的人格特质，其主要表现为缺乏耐心、容易发怒、对延迟满足的容忍度低。急躁的个体往往对即时回报有着极高的期望，而一旦遇到阻碍或挫折，便会表现出过度的失望或愤怒。这种特质可能导致出现冲动的决策、冲突的人际关系和长期的生活满意度下降。

（七）虚荣

虚荣心指过分关注自己的外表、成就或地位，以及渴望被他人赞美和羡慕的心理状态。虚荣的个体可能过度投入于表面的形象塑造，忽视内在价值的培养。这种特质往往导致过高的自我期待和他人期待，当这些期待无法满足时，个体会出现挫败感和对自我价值的怀疑。

（八）猜疑

猜疑是一种对他人意图、行为持续怀有不信任感的心态。猜疑的个体往往对他人的言行进行过度解读，总是从消极的角度出发，认为他人有潜在的敌意或欺骗行为。这种持续的不信任感会损害个体的人际关系，导致孤立和社交恐惧，以及增加心理压力。

（九）嫉妒

嫉妒是一种因为他人拥有而自己所缺乏的东西（如地位、能力、关系等）而产生的负面情绪。嫉妒的个体可能会花费大量的时间和精力在与他人比较上，从而引发自我价值感的下降、情绪不稳定和攻击性行为。长期的嫉妒感不仅损害个人的心理健康，也会破坏人际关系和谐和社会和谐。

三、影响人格发展的因素

（一）生物遗传因素

遗传因素通常是指个体从父母那里遗传获得的基因。在人格发展的过程中，基因与环境之间存在着复杂的交互作用。从神经生物学角度看，人格发展与大脑结构和功能的变化密切相关。大学生阶段正值大脑前额叶等关键区域的成熟期，这些区域与规划、决策、社交和情绪调节等与人格密切相关的功能有关。遗传因素可能会影响这些大脑区域的发展，从而影响人格的成熟。研究发现，外向性、宜人性、尽责性、神经质和开放性等人格特质均具有一定程度的遗传性。这些特质的遗传力从中等到高，说明遗传因素对个体差异的贡献不容忽视。处于大学生阶段的个体的这些特质可能因遗传倾向而表现出特定模式，进而影响其社会适应性和职业发展。

(二)社会文化因素

社会文化因素在大学生人格发展中扮演着重要的角色,它不仅影响着个体的价值观、信念和行为模式,还在某种程度上塑造了个体的心理特质和人格结构。大学阶段是人格成长和塑造的关键时期,此时的社会文化环境对于学生的人格发展具有深远的影响。社会文化因素通过多种途径和机制对大学生的人格发展产生影响,这些因素既包括宏观层面的文化背景和社会经济状况,也涉及更为具体的教育制度和媒体环境。因此,理解和分析这些社会文化因素对于促进大学生的健康人格发展具有重要意义。

(三)家庭环境因素

家庭环境作为个体成长的第一个社会化场域,对大学生的人格发展起着至关重要的作用。其影响表现在多个维度,包括家庭结构、家庭功能、家庭氛围、家长教养方式等。这些因素相互作用,共同塑造大学生的人格特质。

1. 家庭结构

家庭结构的变化,特别是单亲家庭、离异家庭的增多,对大学生的人格发展产生了显著影响。在非传统家庭结构中成长的大学生,可能会展现出更高的独立性,但同时也可能伴随着安全感的缺失和依赖性的问题。这是因为家庭结构的变化往往伴随着家庭角色和家庭成员之间关系的重组,对于未成年人而言,这种重组可能会导致心理支持系统的不稳定,进而影响其人格的稳定发展。

2. 家庭功能

家庭功能的健全性对大学生人格发展同样具有深远的影响。一个功能健全的家庭能够提供必要的情感支持、经济支持和社会化教育,有助于培养大学生的责任感、自尊心和社会适应能力。相反,功能失调的家庭往往导致大学生出现自我价值感低下、社会适应问题以及心理健康问题,这些问题不仅影响其学业成绩,还可能对其职业生涯产生长远的负面效果。

3. 家庭氛围

家庭氛围是影响大学生人格发展的另一重要因素。家庭氛围包括家庭成员之间的相互尊重、理解、支持以及家庭成员共同参与决策的程度等。开放、温暖和互助的家庭氛围有利于大学生形成积极人格特质,如自信、乐观和社会责任感;

而冷漠、压抑和冲突频繁的家庭氛围则可能导致大学生发展出消极人格特质，例如焦虑、抑郁和依赖性。

4. 家长教育

家长的教养方式也是影响大学生人格发展的关键因素。权威式的教养方式，即在严格要求的同时给予孩子足够的情感支持，被认为是最有利于积极人格特质发展的教养方式。这种教养方式能够培养大学生的自我控制能力、独立性和社会适应能力。相反，过于专制或过度放任的教养方式则可能导致大学生发展出负面人格特质，如低自尊、依赖性或反社会行为。

（四）儿童早期经验

儿童早期经验在个体发展的过程中扮演着重要角色，特别是在人格发展方面。大学生时期，作为个体成长的一个关键阶段，是人格特质稳定形成和个性独特性显现的重要时期。儿童时期的经验，从家庭环境到社会互动，都深刻影响着大学生的人格发展。

1. 家庭互动

儿童早期在家庭中的亲子互动模式、父母的教养方式以及家庭氛围等，对其人格形成具有根本性的影响。例如，父母的过度保护可能导致个体在大学期间展现出依赖性的人格特质，而鼓励性的教养方式则可能促进孩子责任感和自我效能感的形成。此外，家庭功能失调，如父母冲突频繁、离异等情况，可能对孩子的情绪稳定性和人际信任感造成长期负面影响。

2. 社会互动

儿童期间的社会互动，包括与同龄人的交往、参与社会活动，以及早期教育经历等，为个体提供了学习社会规则、培养人际交往能力和自我意识的机会。这些经历对个体的社交技能的养成具有深刻影响，这些都是形成健康人格特质的基石。例如，参与团队活动能够增强领导力和团队合作能力，而多元化的社会交往则有助于培养开放性和适应性。

3. 童年挫折

此外，儿童早期遇到的挑战和困难，如经历贫困、遭受欺凌或其他形式的创伤，也在个体人格发展中占据着复杂而重要的地位。这些经历可能导致个体发展出与众不同的应对机制，比如更高的韧性或者某些情况下的逃避行为。虽然这样的经历可能对心理健康造成负面影响，但同时也为个体提供了成长和学习的契机，有的人可能因此而发展出更强的自我调节能力和适应性。

（五）学校教育因素

首先，课堂教学活动是学校教育对大学生人格发展影响最直接的方面之一。在课堂上，教师的教学方法、态度以及与学生的互动方式，都会对学生的学习态度和价值观产生深远影响。例如，鼓励批判性思维和创新的教学方法能够激发学生的好奇心和探索精神，培养他们独立思考的能力，这对形成积极主动的人格特质十分重要。相反，过于僵化和依赖记忆的教学方式可能会抑制学生的创造思维，从而对其人格发展产生不利影响。

大学提供的非学术活动，如社团活动、志愿服务、实习机会等，也是推动大学生人格发展的重要因素。参与这些活动使学生有机会走出课堂，将理论知识应用于实践中，从而增强解决问题的能力和自我效能感。同时，这些活动还为学生提供了与不同背景的人交往的机会，有助于培养他们的社交技能、团队合作精神及跨文化交流能力，这些都是当今社会尤为重视的人格特质。

此外，大学教育中的评估体系也对学生人格的发展产生影响。以成绩为导向的评估体系可能导致学生产生极大的学习压力，过分关注短期成绩而忽视长远的学习和个人发展。在这种环境下，学生可能发展出逃避困难、抗压能力差的人格特征。相对地，鼓励创新、承认尝试和错误的评估体系能够激发学生的主动探索精神，鼓励他们面对挑战，有利于培养积极应对困难和失败的人格特质。

大学文化和价值观的影响也不容忽视。一个开放、包容、鼓励多样性和创新的大学环境，能够促进学生发展出开放的心态和独立的人格。大学文化中对诚信、公正、责任感的强调，同样能够对学生的道德发展和人格塑造产生正面影响。

（六）自我调控因素

自我调控是个体管理自己的行为、情感和思维以达成目标的能力。这一能力对人格发展有深远影响。首先，自我调控能促进自我效能感的提升，个体因而更有可能面对挑战，实现个人目标。其次，良好的自我调控能力有助于情绪稳定和应对压力，对形成积极的人格特质至关重要。此外，自我调控还影响社会适应能力，因为它帮助个体在社交情境中表现出更为适宜和有效的行为模式。长期而言，自我调控对培养责任感、坚韧性和同理心等人格特质起着核心作用。因此，自我调控不仅是实现个人目标的关键，也是人格发展过程中不可或缺的要素。

第四节　教育心理学在高校学生情绪与人格管理中的应用

一、教育心理学在高校学生情绪管理中的应用

（一）合理宣泄

精神分析学家认为，情结是一种被压抑在潜意识中的愿望或不快的念头。在抑制控制薄弱时会以莫名其妙的不安感或症状表现出来，形成一种情绪障碍或变态心理。因此，为了降低精神上的过度紧张，避免产生因心理因素而出现的疾病，很有必要将受到较大挫折后积压在心头的痛苦、愤怒、悲伤、烦恼等紧张情绪发泄出来。当然，这种发泄不能毫无顾忌、不择手段、为所欲为，必须合理地控制在既能降低自己的紧张情绪，又不至于使他人受到伤害的范围内。我们称这种有节制的发泄为合理宣泄。合理宣泄情绪的途径有以下几种。

1. 诉说

将自己的情绪用恰当的语言坦率地表达出来，把闷在心里的苦恼倾诉出来，把所受的委屈全摆出来，这样有助于当事双方增进了解、冰释误会、减少矛盾和冲突；对自己所信赖的人表达情绪，既可得到同情和理解，又能求得疏导和指导，即所谓"一个快乐由两个人分担，就变成了两个快乐；一个痛苦由两个人分担，就变成了半个痛苦"。

2. 哭泣

当遇到意外打击，产生较强的悲伤、愤怒、委屈情绪时，也可以用痛哭的办法宣泄自己的情绪。一方面，流泪作为一种情绪调节机制，能通过释放眼泪帮助个体缓解内心的压力和悲伤，实现情感的释放和自我安慰。因此，人们在痛哭流泪之后总会感到舒适轻松一些。另一方面，情绪本身有一种自我调节的机制，情绪表现的过程也就是情绪缓解的过程，表现越激烈，缓解越充分。一旦情绪缓解之后，因情绪紧张而带来的感觉、记忆和思维障碍也就自行消退了。这样便可以

较客观地感知外界事物，恢复有关的记忆，冷静思考、寻找挫折出现的原因和解决问题的方法。

3. 行动

在无对象诉说或不便于痛哭的情况下，也可以面对着沙包狠擂一通，或找个体力活猛干一阵；到空旷无人的旷野引吭高歌或聚声长啸，同样能借此释放聚集的能量，降低、缓解情绪，达到宣泄的目的。

（二）提高升华

提高升华是指当个人欲望或需求因各种原因或条件限制不能实现时，将其原有的内部动机转化为社会性动机，以社会可以承认、接受、允许的方式，去追求更高的目标，获得新的更高级的精神满足。也就是说，将情绪激起的能量投射到战胜挫折，或者有利、有益于社会和个人成长的活动中去，使其具有建设性和创造性。这是一种最为积极的情绪自我调节控制的方法，是最有效的情绪宣泄方式。司马迁受辱发奋写《史记》，孙膑受打击著述兵书，歌德因失恋创作《少年维特之烦恼》等，都是情绪升华的生动事例。在现实生活中，一个犯有错误的同学用洗刷污点、勤奋学习的方式来创造美好未来；一个在学习、生活、恋爱上受过挫折的人，把痛苦转化为对事业的执着追求；因失误产生内疚的人，用高尚行为来弥补；具有严重进攻性特征的人，将其精力转向热爱各种体育项目；等等。这些都是有意义的升华。

（三）转移注意

在某种情绪影响自己或将要影响自己，而自己又难以进行控制时，对这种情绪不予理睬，并将自己的注意力转移到其他有益的方面去，这种情绪调节方法被称为转移注意法。按照条件反射学说，在发生情绪反应时，会在大脑皮层上出现一个强烈的兴奋灶，即兴奋点。此时如果另外建立一个或几个新的兴奋点，便可以抵消或冲淡原有的兴奋点。也就是说，当人们注意某一事件时，这一事件对人们才会产生影响。当人们把注意力放在其他事情上时，原来的事件对其的影响就会减弱或消失。如旅游观光和欣赏优秀的文学作品便是一种调节情绪的有效方式。登高望远，极目长空，可以使人心旷神怡，荣辱皆忘；游历风景名胜，凭吊历史遗迹，可以使人心胸豁达，忘却个人得失；听《黄河大合唱》会激起人们热爱中华的壮烈情怀，置个人忧伤于度外。

（四）压抑遗忘

压抑是指对一些既无法升华，又不能转移的不良情绪，用意志的力量将它们排出自己的记忆，以此来保持心理的平衡。如由于误会遭到他人无端的猜疑、打骂或侮辱，既不能报复，又无法补偿；因为过错受到自己心仪爱慕的异性同学的耻笑，既不便解释，又无法转移。这些人为因素造成的挫折会使人的情绪更加愤怒、沮丧。这种情绪若总是郁积于心，挥之不去，就会不断蔓延，日益加重。在这种情况下，压抑遗忘就不失为一种缓解情绪的有效方法。挫折被暂时遗忘，便暂时达到了心理平衡；挫折被永远遗忘，因这种挫折而产生的不愉快的情绪体验便会消失。在发生重大挫折时，人们往往力图变换环境，离开或改变产生挫折的情境，这样有利于遗忘所受的挫折，或者随着时间的推移，所受挫折产生的情绪逐渐减弱甚至消失。不过，压抑不是消失，受挫后的痛苦体验只是暂时潜伏，或者说，由意识的境界转入潜意识的境界，但这体验只是在意识之下，而不是在意识之外，一旦被重新认识，仍可能重新唤起力图遗忘的记忆。从心理健康的角度分析，压抑是必要的，一定的压抑可以帮助人们免受各种挫折和痛苦，维持心理平衡。但压抑也有一个限度，压抑过久或过度，又会引起各种心理疾病。因此，对于无法压抑的情绪要以符合社会行为规范的适当方式宣泄出来，如无端受辱可以去法庭起诉，使犯罪者受到法律的制裁等，以此达到心理平衡。

（五）语言暗示

一个人为不良情绪所困扰的时候，可以通过语言的暗示作用来调节和放松情绪。如一些容易激动的同学要经常提醒自己不要遇事激动。林则徐写一张"制怒"的条幅挂在墙上，就是为了自我警戒。大学生可以对自己说一些鼓励的语言，将消极的想法转变为积极的自我肯定，如从"我做不到"转变为"我可以尝试"，这样的语言暗示有助于提高自我效能感，减轻焦虑和压力。

（六）幽默缓冲

幽默作为一种社会生活中不可或缺的品质，被广泛认为对于个人情绪有着显著的缓冲作用。通过引发笑声和乐观情绪，幽默能够有效减轻心理压力和焦虑，帮助个体从日常生活的紧张和烦恼中短暂逃离。这种缓解效果不仅改善了人们的情绪状态，还具有长远的积极影响，包括增强心理韧性、提升应对困难和挑战的能力。研究表明，幽默感强的人往往能更有效地管理负面情绪，将潜在的负面情绪转化为积极面对生活的态度。此外，幽默还促进社会互动和群体凝聚，通过共享欢笑，加强了个体之间的联系和理解，进一步稳定和提升情绪状态。因此，幽默在情绪调节和心理健康维护方面扮演着不可忽视的角色。

（七）理智消解

不良情绪的理智消解，通常有三个步骤：第一步，首先要承认不良情绪的存在。有的人产生了不良情绪还不承认，比如，一个人因失恋而痛苦，别人劝慰他从不良情绪中解脱出来，可他自己却不承认自己的情绪是不良的；有的人为蝇头小利一类的事动怒，别人劝他何必动气，他马上反驳："谁生气了！"，有了不良情绪，就要承认。第二步，大学生应当运用批判性思维来质疑和评估这些情绪的合理性，包括考虑是否对某些情绪作出了过度的反应，或者是否有曲解或夸大了事件的可能性。第三步，大学生需要制订实际的行动计划来应对不良情绪，包括寻求社会支持、进行放松训练、参与体育活动或者进行创造性表达等。

（八）转换视角

换个角度看问题，常可使人从负面情绪中解脱出来，保持心情舒畅。比如，有的学生拼命用功，却没考上大学，便心灰意冷，觉得前途渺茫。如果这样继续想下去，就会越想越悲观失望。如果换个角度去想就会心情舒畅：吃点苦、受些挫折对自己有好处，何况自己还年轻，可以从零开始，一切从头来，年轻就是一笔巨大的财富。

二、教育心理学在高校学生人格管理中的应用

（一）高校学生良好人格的标准

1. 人生目标

高校学生应展现出明确的个人目标和职业规划，这些目标应具有可实现性，并能激励个体不断前进。

2. 道德责任

学生应具备辨识是非的能力，遵守社会规范，对自己的行为负责，并对他人

和社会表现出关怀,增强责任感。

3. 自我意识

高校学生应有清晰的自我认识,了解自己的优势和局限,能够自我反思和自我提升。

4. 情绪调控力

学生应有效管理自己的情绪,保持心理平衡,面对挑战和压力时能够保持冷静和理性。

5. 人际关系

良好的人格体现为能建立和维护积极的社会关系,具备良好的沟通技巧和团队合作精神。社会适应能力则要求学生能够理解并适应不断变化的社会环境,灵活应对各种社会情境。

6. 生活态度

高校学生应持有积极向上的生活态度,面对困难和挑战时能够展现出韧性和乐观精神。

7. 审美

符合良好人格标准的学生应具有一定的审美能力,能够欣赏和创造美,这不仅丰富了个人的精神世界,也提升了生活的质量。

(二)高校学生的人格优化

高校学生的人格优化方法是指导思想和实践活动的具体实施途径,包括心理辅导、角色扮演、团体活动等,旨在通过多样化的互动和体验,提高学生自我认知、自我调整的能力,从而实现人格的全面发展。

人格优化基础则是指人格优化所依赖的理论和实践基础,包括心理学理论、教育学原理以及社会学观点。这一基础不仅为人格优化提供了科学的理论支撑,同时也指导实践活动的开展,确保人格优化过程的科学性和有效性。

人格优化途径是指人格优化的具体路径和方式,如课堂教学、社团活动、志愿服务等。这些途径通过提供丰富多彩的实践平台,促进学生社会技能的提升,增强团队合作意识,培养良好的人际交往能力,进而促进人格的健康发展。

人格优化土壤指的是人格优化活动所依托的环境和氛围,包括学校文化、师生关系、同伴互动等。一个开放包容、正向激励的环境是人格优化的良好土壤,能够激发学生的内在潜能,促使其积极向上的人格特质形成。

人格优化的关键在于高校及教育工作者对学生人格优化重要性的认识,以及实施过程中的执行力度。高校应通过制订合理的策略和措施,为学生提供广泛的实践机会;同时,教师的言传身教也是关键因素之一,通过榜样的力量影响学生,引导其形成积极健康的人格。

第五章 高校学生学习与人际交往管理

本章为高校学生学习与人际交往管理，一共分为三个部分：高校学生学习特点与能力培养、高校学生人际交往的特点与类型、教育心理学在高校学生学习与人际交往管理中的应用。

第一节 高校学生学习特点与能力培养

一、高校学生学习的特点

（一）自主性

自觉、积极、主动地学习是大学生学习活动的核心，这种自主性体现在整个大学生学习的多层面、多角度中。

（1）大学教学指导性多，指令性少。大学生的学习不能完全依赖教师的计划安排，不能单纯接受教师的授课内容。中学时期那种被动听课、盲目随从、无从取舍、缺乏质疑等已远不适应大学教学了。

（2）大学课程的门类明显增多，课堂教学时间相对减少。这对于住校大学生来说，课余自由安排的时间相对宽裕，这就要求大学生学会安排自修时间，制订切合自己的学习计划。

（3）大学教师讲课是提纲挈领的，对于教材有自己的取舍和补充。大学老师课堂上所讲的往往可能是自己在专业领域中最有心得的部分或关键的重点部分，其余部分往往由学生自己去读、去自学、去理解。教师在讲课中还可能引进与教材观点不同的许多观点，这是中学那种是就是是、非就是非的简单的、界定的教学模式所不能相比的。

（4）选择什么样的学习方法、什么时候记笔记、怎样记等都是由大学生自主决定的。大学教师一般不会规定该用什么方法记忆、怎样阅读，往往只是提出学习的目标和要求，用什么样的方法达到要求则是各显神通。

通过以上的分析，可以说大学学习的自主性特点体现在整个大学学习过程的始终，并反映在大学学习的各个方面。大学生要想在大学里学习好，就必须培养自己的自学能力。

（二）广泛性

广泛性是指大学生在学习过程中可以通过各种不同的途径和渠道吸收知识，也可以靠广泛的兴趣去探索，获得课程以外的知识。首先，大学学习活动的安排反映了广泛性的特点。如学术报告、知识讲座、专题讨论，社会调查、专业实习、查阅资料等众多形式为大学生多层面、多角度涉猎知识提供了条件。大学生只有广泛地学习，才能形成合理的知识结构，成为"通才"，锻炼能力，增长才干。其次，在学习活动中，大学生可以广泛发展自己的兴趣，可以按照自己的意志和兴趣有选择地学习一些知识，可以选修一些适合自己的课程，也可以跨学科学习。

（三）专业性

每一个报考大学的学生，都填写过专业志愿，虽然最后录取的专业并不一定是自己满意的，但毕竟都有了专业的划分。中学教育是一种具有普适性的基础教育；而大学教育是一种专业基础教育，其教育目标紧紧盯住未来社会的需要，尽可能地照顾到具体职业的特殊要求。因此，大学所传授的既有基础知识，又有专业知识，为了增强学生在未来社会的适应性，又开设了专业选修课和公共选修课，增设边缘学科；为了增强学生的竞争力，各学科都十分重视本学科的最新成果和最新动态。这种动态性和灵活性有时就是不确定性，实际上，这种不确定性是必要的，因为社会是不断发展的，只有不断跟踪社会发展变化、跟踪学科前沿动态，不断调整课程结构和内容，才能保证培养的人才与社会的需要相适应。

（四）探索性和创新性

大学生的学习能力主要是思维能力，在学习专业知识的基础上，许多大学生已经不能满足对现有结论的简单接受，还包括对书本结论之外新观点的寻求。学术上的新观点、新理论必然会触动大学生的创造性思维。大学生可以把自己以往学到的知识进行重新组合，并从新的角度去分析和认识问题，去积极探索未知领域。随着时代对人才的不断渴求，大学生学习活动的探索性将越来越重要。不少学生在校期间就能够参加教师组织的科研课题，并能发表一些论文，更有佼佼者还承揽了社会上的科研项目。

从上述特征中不难看出，大学生的学习活动较中学时期更复杂、更紧张，需要花费大量的心智能量，需要良好的心理素质和多方面的能力来保障其顺利进行。进入大学后，确实有一部分大学生存在学习上的不适应，但这种不适应只是暂时的，只要大学生善于在学习中思考，在实践中摸索，就会很快地掌握大学的学习规律，找到一些符合自己的学习方法，成为学习生活的主人。

二、高校学生学习能力的培养

（一）自主学习能力

告别高中老师的束缚、父母的唠叨，大学生来到了一个自由、无拘无束的大学校园。在远离家人，没有约束的大学校园里，确实让大学生们感受到了前所未有的自由。可是，没有了老师、父母的约束，有的同学没日没夜地打游戏；有的同学旷课，原因只因为自己起不来；有的同学过着寝室、教室"两点一线"的生活，一个学期下来，也没踏进过图书馆半步；又或有人嘴里时常念叨着"及格万岁"……在努力提升自己、不断学习的大学生活中，有很多人都这样荒废着自己的大学生活，这其实是缺乏自主学习能力的表现。由于长时间受着老师、父母的管制，导致学生自主学习能力的缺失。但是，在大学，没有人会再逼着大学生，更多需要他们自己去规划、学习。那么，大学生该如何培养自主学习能力呢？

首先，转变学习观念，由依赖性转变为自主性。在中学的基础教育中，学生的学习目标是高考，老师们也会不厌其烦地讲授、辅导，学生只要被动地跟着老师走就行了。因此，大学生要改变这种老师"喂着吃，抱着走"的现状，就得发挥自己的主观能动性。

其次，做好学习规划。大学生需要全面地了解自身，确定其奋斗目标；然后就可以拟定学习计划。需要注意的是，制订学习规划，要有适当的弹性，也要劳逸结合。

（二）时间管理能力

从中学步入大学，学生的学习生活已然发生了巨大的变化。作为即将步入社会、进入职场的大学生，时间如何管理，直接影响着其学业成绩，大学生活质量甚至会影响个人人生目标与社会价值的实现。好的时间管理能力是自制力的一个主要体现，作为当代大学生，更应该培养这方面的能力。

第一，强化时间管理教育，强化时间观念。由于大学生在以前没有接触过有关时间管理方面的知识，使得他们对时间管理的概念是模糊的。因此在大学时，大学生应该树立正确的时间观念，营造良好的时间管理氛围，科学合理地管理业余时间。

第二，注重职业生涯规划教育，提高时间监控能力是对时间进行高效管理的前提。大学生应该认真地思考未来的规划目标，制订阶段计划，按照计划进行学习。

第三，正确估计自己对时间管理的行为能力，提高信念感。大学生要对时间管理的信心及对时间管理行为能力有一个正确的估计，并且学会根据轻重缓急对事情进行分类，有效率地和有把握地完成一件事情，才能对时间管理这件事情充满信心，进而更加愿意进行时间管理。

（三）情绪控制能力

如果说时间管理是效率的倍增器，那么，情绪控制则是心理健康的调节器。每个人的生活中，有将近80%的决定是在情绪的影响下作出的，而往往这些决定都不是最佳的选择。大学生的情绪虽然开始趋于成熟，但是冲动性的特点也很明显，特别是一些负面情绪对大学生的身心和学习造成了严重的危害。每个人的精力都是有限的，与其精神内耗折磨自己，不如用行动治愈自己。大学生不能任由自己沉溺在这种消极的情绪中，或者等待别人的救赎，要学会自我拯救，处理掉自己的负面情绪，做自己情绪的老师。因此，大学生除了要培养时间管理能力，还要培养情绪管理能力。大学生可以通过以下方式调节自己的情绪：

第一，保持愉悦的心情。人们总说爱笑的人运气不会太差，经常笑、保持愉悦的心情能有效控制自己的情绪。

第二，建立情绪管理清单。在面对某种情绪时，列出一份情绪管理清单。例如运动、听音乐、深呼吸等，帮助自己放松。

第三，向别人倾诉。将自己的情绪转化为文字倾诉给他人，也许别人无法告诉解决的方法，但会发现自己已经轻松了很多。

第四，自我暗示。告诉自己其实自己很优秀，事情总会变好的，世界上还有很多美好的事情。

第五，转移环境。离开那个导致自己情绪产生的地方，去一个自己更加放松舒适的地方，对于控制自己的情绪有很好的帮助。

（四）组织管理能力

不能忘记对组织管理能力的培养。作为一个当代大学生，可以参与学生会和社团活动、组织班级和寝室活动、实施项目式学习、参与志愿服务以及实习实践。长此以往，经过时间的沉淀和磨炼，大学生的组织管理能力同样能得到相应的提高。

第二节 高校学生人际交往的特点与类型

一、高校学生人际交往的特点

（一）迫切性

处于青春期的高校学生正经历着人生中最为剧烈的心理变化，他们的自我意识急剧增强，开始更加关注个人的内心世界和社会关系。这一时期，他们对于身份认同的需要变得尤为迫切，而人际交往则是实现这一需求的重要途径。通过与同龄人的互动，学生们不仅能够获得情感支持，还能在不断的社交活动中探索自我、确认自我价值，促进个人身份的形成和心理的成熟。

同时，青春期是个体心理发展的关键时期，这一时期的心理健康问题不容忽视。高校学生由于学业压力、未来规划的不确定性等因素，可能面临焦虑、抑郁等心理困扰。在这种背景下，良好的人际关系成为青年学生心理调适的重要资源。

通过与他人的有效沟通和深层次的交往，高校学生可以获得情绪宣泄的渠道，减轻心理压力，提升心理韧性。

青春期也是学生形成独立社会人格和社会能力的关键时期。在这一时期，学生的人际交往不仅限于情感交流，更扩展至学术交流、职业规划等多个方面。通过与师生、同学等不同角色的人际互动，学生不仅能学习到知识和技能，更重要的是能够培养团队合作、沟通协调等社会能力。这些能力对于他们未来的学习生活和职业发展都具有重要意义。

（二）平等性

平等性在人际交往中指的是尊重他人与被尊重、权利与责任的均衡，以及机会与信息的公正获取。平等性是构建健康人际关系的核心原则之一。青年心理成长的自我认同感与人际交往中的平等性紧密相关。在这一阶段，学生在求知和自我探索的过程中，对于个人价值和地位有着强烈的认知需求。人际交往的平等性能够满足青年的自尊心，促进自我价值的实现。当高校学生在交往中感到自己受到尊重，他们的观点被认真聆听，他们的决定有一定的影响力时，这种自我价值感得到加强，进而增强了自信心和社交能力。

（三）多样性

大学生文化水平高，兴趣爱好广泛，知识丰富，热情开朗，朝气蓬勃，思想活跃。这些特点决定了大学生的交往内容十分广泛，交往形式丰富多彩，内容涉及政治、经济、文学、艺术、体育、学习，娱乐、个人情感等广泛领域。他们可以通过组织社团、举办篝火晚会、搞联谊活动、爬山、游泳、旅游、散步等形式进行交往。

（四）情感性

大学生的人际交往，不管是学习上的互相帮助、生活上的互相照顾，还是娱乐上的合作都表现出较强的感情联系。而且由于大学生心理发育还没有完全成熟，情绪很不稳定，好恶易显于表，好友之间吵架的事常有发生，因而其人际关系受情感影响而引起的变化也不小，这种情感的波动导致大学生人际关系具有不稳定性。有的大学生，特别是女大学生因情感变化太快，很难交上知心朋友。极少数大学生在与异性的交往中只注重感情，超越现实，不顾后果，铸成终身遗憾的大错。

二、大学生人际交往的类型

大学生人际交往的类型是建立在特定的外部环境和心理环境的基础上的。按照交往的范围可分为三类。第一类是个体与个体之间的关系，如同学关系、朋友关系、师生关系和亲子关系。第二类是个体与群体之间的关系，如个体与家庭、学生与班级、群体与群体等。第三类是血缘关系、地缘关系与业缘关系。这里着重介绍大学生之间的交往关系，即同学关系（含异性关系、地缘关系、趣缘关系）；大学生同教师的交往关系，即师生关系；大学生与父母的关系，即亲子关系。

（一）同学关系

同学关系是学校人际关系的基础内容之一，是大学生人际交往中最普遍的关系，它在大学生的整个人际交往中占有重要位置。从心理和生理上分析，这一时期青年的自我意识得到发展并逐渐成熟，他们希望摆脱大人而独立，需要得到他人的尊重和承认。

然而，他们又往往体会到一种与青春期以前阶段不同的种种激动与烦恼，产生青春期特有的孤独感、急躁感。随着性的成熟，还会产生不安感和不适感。加之高校有特定的环境，又脱离原有熟悉的环境、人际关系和学习方式，对大学生活心理准备不足等，大学生在突变的环境面前显得很难适应，心理产生许多矛盾和困惑。因此，这个时期的大学生往往迫切希望与他人交往，以期得到他人的承认、尊重和理解。

处于青年期的知心朋友的亲密程度往往超过同父母、老师的关系。大学生在几年同窗生活中能结成浓厚的情谊。这种同学交往不仅存在于学生时代，而且可延伸到毕业以后，成为其步入社会交往的纽带。同学交往的内容包括学习知识、获得信息、加强友谊、充实生活和恋爱等，同学交往的范围也越来越广。过去，大学生的社交活动大多习惯和局限于同班、同乡的小圈子里；现在，随着第二课堂的开辟等原因，大学生交往不再局限于同班、同乡，只要对其学业有帮助、对其思想有启发、能丰富其情感生活的，他们都乐于交往。文、理科间的学生加强了往来，跨系、跨院校的活动增多了。大学生交往的形式不拘一格，他们在新条件下会采取新的交往形式，如学术研讨会、各种沙龙、舞会联欢、寒暑假的社会调查等。这些形式多样的交往丰富了大学生的知识，充实了课余生活，增强了大学生对社会和国情的了解，为大学生以后走上社会打下基础。

同学交往的作用可分积极作用和消极作用两方面。从积极方面看，大学生通过同学间的交往活动产生了积极的心理品质，增强了自信心、自尊心和责任感，促进了专业知识的学习，起到积极作用。从消极方面来看，同学交往不当也容易产生消极的群体行为和从众行为，也有的大学生只热衷于人际交往而影响了对专业知识的学习，导致交往行为出现消极性。大学生应努力发扬人际交往的积极作用，避免消极作用的产生。

（二）师生关系

在大学生的人际交往网络中，师生关系扮演着极其关键的角色，其影响范围遍及学生的学术发展、心理健康、职业规划甚至价值观念的形成等多个维度。老师作为知识的传递者和学术的引导者，对学生的学术成长起着决定性的作用。良好的师生互动能够激发学生的学习兴趣，提高学习效率，促进学生批判性思维能力和创新能力的提升。在教学中，教师的专业知识和研究经验可以帮助学生避免走弯路，更快地进入学术研究的状态。大学生在校期间，往往会面临多种压力，如学业压力、就业压力、人际关系处理等，这些问题可能会影响他们的心理状态。教师的关怀和支持可以为学生提供情感的慰藉，帮助他们建立起自信，形成积极的生活态度和应对策略。一个具有共情能力的教师能够有效识别学生的心理需求，并给予适当的引导和帮助。

（三）亲子关系

大学生和父母的交往是一种最亲密、最可靠的交往关系。亲子之间的交往带有浓厚的感情色彩。大学生离开父母独自生活后，在感情生活方面渴望不断得到家庭的温暖，而且目前作为独生子女的大学生日渐增多，他们在生活和思想上的独立性很弱，对父母的依赖性强，并把父母的付出看成理所当然，往往只讲索取不讲回报。大学生正处于成才的过程中，更需要父母在政治思想、道德品质、人生观及学习等方面的关心和指导。每一个父母都有"望子成龙"的迫切愿望，他们希望在给予子女物质帮助的同时,能够给子女思想和精神上的帮助。作为子女的大学生,应敞开心扉,主动向父母袒露思想,接受亲人情理交融的指导,并学会对父母感恩,把亲子关系升华到一个新的境界。

第三节 教育心理学在高校学生学习与人际交往管理中的应用

将教育心理学的相关理论和研究方法充分应用到对高校学生管理工作中,科学地把握高校学生的学习心理变化和人际交往行为规范,可以有效促进对学生的教育管理和心理辅导工作质量的提高,使得学生可以在今后的学习中可以实现有效学习,更好地进行人际交往活动。

一、教育心理学在高校学生学习管理中的应用

(一)适应大学生活

1. 调整自己的方位

每个人在现实生活中,随着外界环境的变化,都要不断地调整自己的位置,使自身的需求和发展与社会的需求和发展相一致,这就需要大学生尽快地调整自己,寻找自己在大学生活中的最佳位置。首先,要平定情绪,不要被一时的不适应吓倒;其次,尽快从高考后的失落、成功的陶醉和入学后的新奇中摆脱出来;最后,努力去探索大学学习的特点和规律,做学习的主人。

2. 培养自信心

大学是人才云集之处,学生过去的某些优势已不再那么明显,甚至不复存在,许多大学生因此而产生自卑感,对自身的智力产生了疑问,甚至失去了学习的信心,所以培养自信心是至关重要的。美籍物理学家钱致榕在1982年参加南京大学校庆时,讲述了他在中学时期的一段经历:中华人民共和国成立前,社会风气很坏,很多学生不求上进,一位责任心很强的老师为了改变这种状况,就从全校300多名学生中挑选了60人组成了一个"荣誉班","荣誉班"的学生被告知,是因为他们的智商高,有发展前途而被选中的,所以,"荣誉班"的学生个个信心

十足、严于律己、勤奋学习,结果这个班的大多数学生都成了有成就的人。后来有人问那位老师是怎样发现他们的智商比别人高、有发展前途的,那位老师说,并没有经过专门的选拔,是随机抽取的,最主要的就是培养和树立了他们的自信心。

3. 寻找最佳的学习方法

寻找最佳的学习方法,是保证学习顺利进行并取得良好效果的一个重要前提条件。大学学习的一个突出特点就是以自学为主,所以围绕这个问题,大学生寻找最佳学习方法应在以下几个方面给予重视。

(1)阅读

阅读是获取知识的必由之路,当今知识的更新与发展越来越迅速,以个人的精力从头做起是不可能的。因此,掌握阅读的方法,特别是学习书本知识是十分重要的。牛顿曾有句名言:"如果说我看得远,那是因为我站在巨人的肩膀上。"[①]阅读是至关重要的。但是,能阅读不等于会阅读,凡识字的人都能阅读,但是大多数人不会阅读,区别就在于"能"阅读的人只是视读书为一个过程,把自己的头脑变成了名家名著的复印机和保存室,而"会"阅读的人能在书中找到有利于自身发展的智慧,并以此为基础去发挥自己的潜能。这正是所谓"活读运心智,不为书奴仆"。

(2)积累文献资料

大学阶段的学习既然以自学为主,那么,大学生有一位非常好的帮手——图书馆。图书馆是知识的宝库,也是一位无声的老师,每一位大学生都要与它多接触,成为它的朋友和学生。如何充分有效地利用好图书馆呢?

①要提高大学生的检索能力。

②做好索引和卡片。把有用的资料按自己的方式做成索引或卡片,一旦需要,就可以及时准确地查找到,这样既可以节省时间,又提高了学习的效率。

③记好笔记。俗话说"好记性不如烂笔头",在记笔记的过程中,可以随时记录下自己当时的灵感和想法。有人说,好的读书笔记就是论文的雏形。因此,大学生在阅读的时候要做到"手勤、脑勤",养成良好的习惯。

---

① 陈伙平. 教育科学研究方法与原理 [M]. 福州:福建科学技术出版社,2005.

（3）科学运筹时间

时间最不偏私，给任何人都是24小时；时间也最偏私，给任何人都不是24小时，其差异就在于能否合理和充分地利用时间。对于时间在学习中的价值谁都明白，但是，由于一下子从紧张的中学学习进入宽松的大学学习，一个明显的感觉就是时间特别宽裕，于是很多同学不知道如何安排课余时间，加之个别同学目标不明确，干什么事情总会说"等明天再说"。那么，如何安排好时间呢？

①养成珍惜时间的好习惯。有人说，人的一生有三分之二的时间是在睡觉、吃饭和娱乐中度过的，而真正用在学习和工作上的也只有三分之一。因此，前人才会感叹"一寸光阴一寸金，寸金难买寸光阴"。

②要善于安排时间。要充分利用有限的时间多去学习和工作，要巧用零碎时间，积少成多。

③丰富充实自己的生活。大学有形的学习只是其生活的一部分，大学生还要善于从无形的学习中获取更多、更直接的知识和能力。要充分利用好休息日、节假日、寒暑假，到社会实践中去发现自身的不足，努力提高自己。

（二）提高学习的心理效能

1.增强学习动力

增强学习动力需要内外部环境共同来调节。从外部环境而言，需要有一种重视教育、重视知识、尊重人才的良好社会氛围和学校浓厚的学习、学术风气。这还有赖于社会的发展、教育改革的深入，但这并不是一朝一夕就可以达到的，因此，增强学习动力更需要自身的调节能力。

（1）确立明确的奋斗目标

要根据大学学习的规律并结合自身的特点，制订出新的奋斗目标。目标的确立要注意使个人目标与社会责任联系起来，要把近期目标与长远目标结合起来，只有这样的目标才有生命力，由此产生的动力才会强烈。

（2）培养学习兴趣

"兴趣是最好的老师"。兴趣是人们将注意力集中于某一对象，并伴有喜欢、愉悦的感情体验的心理状态。如果一个人对一件事有兴趣，那么他就会深入持久地去做。兴趣不是天生就有的，而是随着年龄和实践培养和发展起来的。俄国著名教育家乌申斯基说："没有丝毫兴趣的强制性学习，将会扼杀学生探索真理的欲望。"① 兴趣是求知的动力、热情的凝聚、行为的指向、成功的起点。所以，这就要求大学生在学习中善于发现能激发自己兴趣的问题，并由此深入其中，逐步地从中体会奋斗与创造的乐趣。学习兴趣的培养方法有以下两个方面。

①培养明确而强有力的学习动机

学习动机对学习兴趣的形成起着积极的促进作用，只有具备了明确而强有力的学习动机，有对知识的渴求和对成才的强烈愿望，才会对学习产生浓厚的兴趣。

②扩大知识掌握的深度和广度

知识的巩固和不断扩大、加深是兴趣产生的重要条件。大学生对某门课程的知识掌握越多、越牢固，产生兴趣的可能性就越大。大学生常有这样的感受：听懂了就有兴趣，听不懂就没兴趣。对专业的兴趣问题也是如此，对专业不感兴趣往往造成对学习不感兴趣，而对专业前景有所了解、掌握丰富的专业相关知识，就有可能逐步培养起对专业的兴趣。

（3）增强克服困难的毅力

有这样一则古代寓言故事：有一个人肚子很饿，于是他来到一家饼店，他吃完一张饼没有吃饱，再吃一张还是不饱，直到吃完第十张后，他打起了饱嗝，此时他非常后悔，说："既然吃第十张饼能饱，为什么一开始不吃这一张呢？白白浪费了那么多钱。"这个故事告诉人们这样一个道理，那就是没有积累就没有提高和飞跃，只有不断地进行量的积累，才能达到质的飞跃。因此，大学生在学习中要调动自身的积极性去克服各种困难，顺利地完成大学的学业。

（4）培养良好的注意力

注意力是知识的窗户，没有它，知识的阳光就射不进来。那么，如何有效地控制注意力呢？

①提高对注意力作用的认识

俄国著名教育家乌申斯基曾把注意力比喻为"获取知识的门户"，这就是说要想获得大量的知识，进行创造思维，就必须最大限度地开放"注意"这一门户，高度集中注意力。

②要有不倦的好奇心

好奇是专注的第一要素。要保持不倦，首先就要对所学内容不断地回顾和不

---

① 殷以杰，张涛. 风从东方来[M]. 上海：上海教育出版社，2020.

断地发问,这样才能永葆好奇和新鲜感。

③要有顽强的意志

注意力说到底是个人意志的一种表现,学习中的挫折往往是集中注意力的劲敌。因此,大学生要有败不馁的精神,在遇到困难时要冷静观察和思考,最后作出可行性的探索。

④要有健康的人格

注意力在学习中起着重要作用,其他心理活动依靠注意力才能逐渐完善起来。如果没有健康的人格,就很难控制注意力。没有崇高的心志,就没有爱因斯坦的相对论。

⑤建立有效的学习规律

这里包括规划固定的学习时间,选择合适的学习地点,学习要有劳有逸、有张有弛。每天必须规定出一段时间来全神贯注地进行学习。在这段时间里,抱着坚定的意愿把注意力集中在一项学习任务上,这样才能明显地促进学习的进度。在选择学习地点时,无论是在学校还是在家里,学习的地点必须舒适、安静、光线好、通风好、无干扰。要想使头脑保持清醒、精力充沛,生活就要有规律,不要搞疲劳战术。

⑥学会运用思维阻断法

人在注意力不集中时,常常会胡思乱想,及时阻断这种纷乱的思维,对于提高学习效率大有必要。当纷乱思想出现时,把眼睛闭上,反复握拳、松开,使肌肉收缩,并同时对自己说"停止!",如此反复若干次,可以帮助集中注意力。

(5)掌握记忆方法

记忆力是智慧的仓库。一些优秀人才的较高智慧,与他们具有很强的记忆力是分不开的。然而在日常生活中,有的大学生常常因记忆力不佳而忧虑,有的同学在考试来临之前感到记忆力不够用,有的同学在考试时忽然忘了考前已经记住的东西。针对这些记忆障碍,大学生要积极地进行化解。

德国心理学家艾宾浩斯的记忆实验证明,记忆与遗忘总是相对出现的,在记忆的同时,遗忘就开始发生。要保持最佳记忆,就必须克服遗忘。识记后的一个小时内遗忘速度最快,遗忘量最大,而后遗忘速度逐渐变慢。学习过的材料过了一个小时之后,记住的材料仅剩下40%左右,再过一天,会忘掉全部材料的2/3,

六天之后只剩下5%左右。遗忘规律告诉人们，必须重视及时复习，从而提高学习效率。最好的办法就是趁热打铁，当天的功课当天消化。在复习时间上，对新学到的知识每次开始复习的时间要长一些，间隔时间短一些。

有些大学生认为记忆力好坏是天生的，因而不注意寻求记忆规律和技巧，致使学习效率不高，知识基础不牢。事实上，如果重视记忆，经常锻炼记忆力，又掌握记忆规律和科学的记忆方法，人的记忆就会放射出奇异的光彩。下面介绍几种主要的记忆方法。

①目的记忆法。心理学研究表明，在所有条件相同的情况下，有意识记的效果比无意识记的效果好得多。因为记忆目的明确，使大脑细胞处于高度活跃状态，大脑皮层形成兴奋中心而使得注意力格外集中，接受外来信息显得主动，大脑皮层留下的痕迹也颇清晰、深刻。比如第二天要考试，当天晚上记忆效率就特别高，因为此时的记忆目的性很明确。所以首先要加强记忆的目的性。

②选择记忆法。为了记忆有效，大学生还应对记忆材料有一定的选择，去粗取精，有重点、有选择地记忆，这样才能扩大自己大脑的记忆容量。因此，遗忘那些不需要的材料是一种积极地提高识记效率的方法。

③过度记忆法。现代记忆理论认为，进入脑中的信息开始时是一种神经冲动的回路活动，经过一段时间以后，记忆痕迹才得以固定。在此过程中需要多次强化才能记忆牢固，所以要反复记忆。

④联想记忆法。联想记忆是通过事物在时间、空间、性质、因果等方面的联系来帮助记忆。它利用事物之间的接近性、类似性、对立性、因果性等关系从一事物去回忆另一事物。如学习外语，就可以把同义词、近义词、反义词放在一起学，这样容易把这些词记住。

⑤歌诀记忆法。歌诀记忆法就是将有些记忆材料编成顺口溜，这样朗朗上口，易读易记。如把圆周率3.14159编成"山巅一寺一壶酒"等。

2. 保持适度紧张

心理学的研究表明，适度的心理紧张是心理活动所需要的，它能有效地发挥智力水平，调动心理潜能，提高学习效率。

（1）提高学习的紧张度

要有意识地脱离沉浸娱乐、混日子的人际环境，加入学习刻苦、学业优良的人际群体，多到学习气氛浓厚的环境，制订合理的学习计划并保质保量地完成，增加学习压力，提高心理紧迫感。

（2）克服学习过度焦虑

要正确认识和评价自己的能力，调整抱负水平和期望目标，增强自信和毅力，要重视努力过程，淡化结果、价值，保持愉悦稳定的情绪；探索、掌握切合自己特点的学习方法；把握大学学习规律，增进学习效率。

3. 预防、消除心理疲劳

（1）善于科学用脑

人的大脑左右两个半球有着不同的分工，一般来说，左半球主要负责语言、逻辑、数学、符号、线性分析等抽象思维活动，右半球主要负责想象、图形、色彩、音乐、情感等形象思维活动。而且人脑左右两个半球对身体进行交叉控制，即左半球控制身体的右半部活动，右半球控制身体的左半部活动。所以，根据大脑的活动特点，大学生应该不同学科交替进行学习，这样就能有效地预防学习心理疲劳，提高学习效率。

（2）注意劳逸结合

劳逸结合是求学和成长中的关键因素。合理的时间管理是保证学习效率和休闲质量的首要步骤。学生应该制订详尽的日程安排，合理划分学习与休息时间，确保每门课程都能有足够的复习和预习时间，同时留出空余时间进行体育活动和社交。此外，参与体育锻炼和运动、社交互动也是促进劳逸结合的重要方面。

（三）培养应试能力

1. 养成良好的学习习惯

学习是持之以恒的工作，正所谓"冰冻三尺，非一日之寒"。因此，大学生在平时就应该养成良好的学习习惯，考试时才能得心应手。

2. 正确对待考试

考试只是衡量学习好坏的手段之一，是学校教育中的一个重要环节。但是，考试成绩并不能完全准确地反映一个人的知识水平，特别对能力的反映更欠准确。因此，大学生既要重视考试，又不要把分数看得过于重要，不要为分数所累。许多研究表明，一个人的成就跟学习成绩并没有太大的关系。在人类历史上，许多著名的科学家、发明家也都曾经是考试失败者。一两次考试的失败并不能定终身，不必因此而灰心丧气。

3. 提高应试技巧

（1）做好考前准备

首先，在考试前4—6周就要进行"强化复习"，将一学期所学的内容做系统地整理，边整理、边思考、边回忆。以面到点、以点到面不断深化，使学的东西形成一个清晰、完整、有逻辑联系的整体，加深印象。其次，根据时间表合理分配好各门课程的复习时间，并把相似学科的复习时间错开，以免各科间相互干扰。再次，临考试前一天晚上，再用两个小时最后进行一次强化来加深记忆。

（2）合理安排作息时间

不要使大脑过度疲劳，以免影响发挥，尤其是临考前几天应保持充足的睡眠，这样才能保证自己头脑清醒、精力充沛。

（3）应付怯场的方法

①时间延搁。考试时，先做有把握的或较简单的题，这样可以缓解紧张情绪，还可以增强自信心（切记不要发完试卷后不答题，先从头到尾看一遍）。

②积极的自我暗示。如果因考题太难而紧张，可暗示自己"考题对大家都一样，我觉得难，别人可能觉得更难，因此不必过分担忧"。

③深呼吸。闭上眼睛做几次深呼吸，要做得深而缓，这样可以有效地缓解紧张、放松身心。

④转移注意力。当感到紧张时，可向窗外看一看；也可以提前带些含化片、口香糖等进行咀嚼，以转移对紧张情绪的注意力，迅速稳定情绪。

⑤寻求心理咨询。对考试焦虑或怯场的同学，必要时应寻求心理咨询人员的帮助，通过有针对性的科学训练和心理调适改变这种状态，顺利完成考试。

二、教育心理学在高校学生人际交往管理中的应用

（一）克服交往的心理障碍

1. 摆脱孤独感

参与社团活动或兴趣小组是一个极好的途径，它不仅可以帮助学生发现共同兴趣的伙伴，还能够提供展示和培养个人才能的平台；积极参与课堂讨论和小组

学习不仅能够增进学术成就，也是结识志同道合朋友的好机会。大学生如果处在充实、紧张的生活中，是无暇顾及孤独的，只有在无所事事的时候才会感到寂寞和空虚。因此，在闲暇时间积极从事各种有兴趣的活动，积极参加各种社交活动，可使人觉得生活充实而富有乐趣。当感到自己被人所理解、所包容，并与别人心理相容的时候，便会抛弃自我封闭的孤独感。

2. 正确对待生活

生活中，许多人由于种种心灵的创伤而把自己关闭起来。事实上，这种自我压抑的方式只能使自己承受痛苦的煎熬，而不能从根本上得到解脱。最好的办法就是通过结交良朋知己，敞开自己的心扉。也有人是以清高绝俗的态度来对待人生的，他们不屑与周围的"芸芸众生"为伍，而只期望结交没有缺点的"完人"，实际上他们是戴着有色眼镜待人接物。当然，"个人奋斗"本身并非坏事，但是，如果鄙视周围的人，离开社会交际，那只能成为孤家寡人，在精神上不可能愉快，在事业上也很难成功。

正确地对待人生，就意味着以平等的态度同他人往来，学会正确地评价别人的优缺点。对大学生来说，关键是要放下自己的架子，丢掉清高之感，牢牢记得"三人行必有我师"的古训，与任何人真诚交往都是会有所收获的。要善于发现别人身上的闪光点，这样就能找到理想的朋友并建立良好的人际关系。

3. 战胜自卑和羞怯

自卑与羞怯，常常使人不敢大方地与人平等交往。虽然个人主观上很想同别人交往，但又不敢大胆地进入社交圈子，唯恐受到别人的拒绝和耻笑。充满自信才能在精神上和躯体上都有所放松，从而使人显得坦然自若、沉着镇定。一次成功的社交经验，将会破除社交的神秘感和增强对自己的社交能力的自信，使人际交往得到良性循环。

4. 克服嫉妒心理

大学生的嫉妒心理是比较普遍的，因此，很有必要克服、解决好人际交往中的嫉妒情绪，促使其向积极方面转化。这就要求做到：要认清嫉妒的危害性，嫉妒是打击别人，贻误自己；要正确认识自己，摆正自己与别人的位置，任何人都既有缺点又有优点，重要的是如何取长补短；还要克服私心，加强个人修养。

5. 克服猜疑心理

人际关系中的猜疑心理,是由于对人际关系的不正确认识而引起的。有这种心理的人对别人总是抱有不信任的态度,认为人人都是自私的、虚伪的。当产生猜疑心的时候,应立刻提醒自己,暗示自己:"我不能这么想,这样会把事情弄糟,无助于问题的解决。""我应该相信别人,不能以自己之心度他人之腹。"同时,不妨置换角色,站在对方的立场上处理和思考这个问题,可谓"将心比心"。

(二)培养良好的交往风度

1. 精神状态饱满

与人沟通时,应显得坦荡自信,才能激发对方的交往动机,活跃交往气氛。相反,如果萎靡不振、无精打采,便显得是在敷衍对方,即使大学生自己有交往的诚意,对方也会感到兴味索然乃至不快。大学生正值青春时期,体力充沛、精力旺盛、思维灵活、反应敏捷,是发展人际交往的良好年华。

2. 待人态度诚恳

不管对待什么交往对象,都应该以平等的态度待人,显得诚恳而坦率,做到一视同仁、不卑不亢。作为大学生,要讲究端庄而不过于矜持,谦逊而不矫饰作伪,在待人接物过程中,充分显示出自己的诚挚之心。

3. 仪表礼节洒脱

根据人际吸引原则,一个人风仪秀气、英俊潇洒,能增加个人的交往风度。大学生应该注意自己的衣着服饰与自己的气质、体型、年龄、身份、场合相符,讲究基本的称呼、问好、告辞、致谢、致歉、寒暄、婉拒等礼节以及交往时的身体姿态。

4. 行为神态得体

人的神态和表情,是沟通思想感情的非语言交往手段,是交往风度的具体表现方式。面部肌肉放松,微带笑容,是一种轻松友好的表示;而脸冷若冰霜,则使旁人不敢亲近。朴素大方、温文尔雅的行为,能正确表达自己的良好愿望;粗俗不雅的动作则使人生厌。

5. 言辞谈吐高雅

大学生都是有较高文化修养的人,说话时应注意用词准确通俗,语音语调恰当,说话掌握分寸,言语不要拖泥带水,不要喋喋不休。幽默的谈吐使人轻松愉快,增添活跃气氛,但要注意场合和分寸。会说更要会听,常言道"会说的不如会听的""用一秒钟的时间说,用十分钟的时间听"。听人说话也是一门学问,需要讲究艺术,不仅要耳朵聆听,还要做到眼睛注视对方,并用心、用脑思考每一个问题。

(三)加强个人修养

大学生在加强个人的道德和文化知识修养的同时,要注意培养豁达大度的胸襟。有意识地培养自己宽阔的胸怀,这也是医治嫉妒的良方。大学生要有气量,不要让私心膨胀;要学习先进榜样、阅读进步书籍,继承优秀的人类文明成果;参加实践锻炼,深入生活,了解国情社情民情。总的来说,大学生要建立良好的人际关系,从个人来说,应该做到严于律己、宽以待人、善于沟通、乐于助人。

(四)调适交往的尺度

任何事物都有一个度,超过或破坏了这个度,就会改变事物的性质,带来不良的后果。因此,在人际交往中要把握好交往的方向、广度、深度、距离、频率等。

1. 交往的方向要正确

大学生的思想相对来说比较单纯,不够成熟,因此,同哪些人交往、交往的目的是什么、如何把握交往方向,就显得尤为重要。俗语说"近朱者赤,近墨者黑",交什么样的朋友对大学生今后的发展影响是非常大的,很多大学生就是因为交友不慎而误入歧途,毁了自己大好的前途。因此,大学生在交往中的目的、方向一定要明确。

2. 交往的广度要适当

每个人都有自己能够密切交往的交际圈,但如果仅限于自己的交际圈,就会陷入狭小的人际圈子不能自拔,形成排他性而失去了许多可交的益友,这是非常遗憾的。因此,大学生应该走出交际圈,与更多的人进行交往。但是,交往范围也不是越大越好,如果人数太多、范围太大,就必然会分散自己的精力,影响学习,结果得不偿失。因此,大学生交往的广度要适当。

3. 交往的深度要适当

在人际交往过程中,如何对待他人、如何选择交往对象、如何确定交往层次,是一些复杂的问题,应该认真加以选择。对于谁该深交、谁该浅交、谁该拒交要做到心中有数，不能混淆。和正直、讲信用、有学问的人交往，会得益匪浅；与胸无大志、外强中干的人交往，则于己不利。

4. 交往的频率、距离要适度

心理距离是指个体在社会互动中对他人的情感、思想和行为的主观感受的远近程度；频率因素则涉及个体之间互动的次数，它直接影响关系的稳定性和发展。在人际交往中，较近的心理距离通常与更深层次的理解、更高的信任和更频繁的交流相关联；相反，较远的心理距离可能导致误解、冲突和交往的减少。高频率的交往可以加强关系的紧密度，促进信息的快速交换和更好的相互理解。然而，过于频繁的交往有时也可能导致关系的紧张，尤其是在没有足够个人空间或自由度的情况下。

（五）学会交往技巧

1. 给人留下良好的第一印象

良好第一印象的建立，首先靠的是外部特征，如长相、面部表情、身体姿态、言语、行为表现、衣着服饰等。首次相见，双方的注意力特别集中，记忆力也很强，将眼睛和耳朵都朝向对方，捕捉对方身上发出的信息，并以此形成第一印象。因此，在人际交往中，应尽量使自己的仪表符合当时所扮演的角色，即在不同的场合，针对不同的人，伴以不同的表情、姿态、语调，该严肃时严肃，该放松时放松，衣着要干净整洁，这是获得对方好感、留下良好第一印象的有效方法。

2. 交谈的技巧

（1）谈话时尽量让对方先说，一来可以显示自己谦逊，二来可以借此机会来观察对方。

（2）谈话的过程中，尽可能不要谈论对方的隐私和忌讳的话题。

（3）在几个人一起交谈时，不要把注意力集中在一个人身上，要注意平衡。不要目光长时间盯着对方或审视对方，让对方感到不舒服。

（4）不要经常打断对方的谈话或抢接对方的话题。

（5）不要单方面突然结束交谈或强行把话题转移到自己感兴趣的方面去；也不要随便解释某种现象、妄下断语或不懂装懂，借以表现自己。

3. 倾听的技巧

（1）主动倾听是基础，在对话过程中要全神贯注，避免分心行为。

（2）持有开放心态，尊重不同的观点和意见，即使与个人立场不一致，也应保持中立，积极吸收。

（3）学会通过非语言信号表达关注和理解，如点头、眼神接触等，有助于营造积极的对话氛围。

4.非语言交往技巧

（1）服饰技巧。服饰展示着一个人的形象和风度，因此，在人际交往中，必须注意自己的服饰问题，服饰要整洁、得体，要体现出自己的个性，与自己的身份相符合，形成自己的人格风度。

（2）目光技巧。目光是人际交往中重要的信息来源，在关系不太亲密的交往对象之间，直愣愣地盯着对方往往是一种失礼的行为；而上下打量对方则是一种轻蔑和挑衅的表示；躲避别人的目光表示自卑；在对方瞪视之下垂下视线，则表示退让和服从；在遇到困难或感到恐惧时，长时间凝视别人来求援，往往会增加得到帮助的困难性。

（3）体态技巧。一个人的姿势、眼神和动作，能从多方面反映他的内心世界。如微微欠身，表示谦虚有礼；身体后仰，表示傲慢；侧转身表示厌恶和轻蔑；背朝人家表示不屑一顾；慌慌张张地走路，表示有压力或感到不安；动作不自然，表明有心事；交往中两手揪衣襟、抓后脑勺，表示缺乏自信；等等。

（4）距离技巧。心理学家通过观察和实验发现，人都有一个把自己围住的心理上的空间，一旦这个空间被人触犯，就会感到不舒服或不安全，甚至愤怒。在人际交往中，人与人之间的距离表达特定的意思。

①亲密带（0—0.5米）。在这种距离内，人们不仅靠语言，还通过视觉、听觉、触觉、嗅觉来传递信息，人们能感到对方呼吸的快慢、皮肤的气味。这样的距离往往限于贴心朋友、夫妻和情人之间，其他人如果插足这个空间，就会引起十分敏感的反应和冲突。

②社会带（1.25—3.5米）。在这种距离内的交往，彼此的关系不再是私人性质的，而是公开的社会交往，如在办公室里一起工作的同事总是保持这种距离进行交往。

在实际交往中，需要大学生根据相互之间的关系、亲疏、远近以及类型来调整与人交往的最佳空间距离，从而有助于增进人际关系。

第六章　高校学生压力与挫折应对

本章为高校学生压力与挫折应对，主要从高校学生压力的产生、特点与影响，高校学生挫折的产生与影响，教育心理学在高校学生压力与挫折应对中的应用三个方面进行论述。

第一节　高校学生压力的产生、特点与影响

一、高校学生压力的产生

（一）压力源

压力源是指那些引起当事人产生压力感受的情景或生活事件。

环境压力源是压力源的一种常见类型，它指的是个体所处的物理和社会环境中的各种因素。这些因素包括但不限于极端气候条件、噪音污染、居住条件的拥挤。在社会层面，经济不稳定、工作场所的变动、城市化快速进程以及社会犯罪率的上升也都是环境压力源的一部分。

社会交往压力源涉及个体在社会交往过程中所面临的各种压力，这包括人际关系冲突、社会角色的变化、孤独感、社交恐惧等。人际关系的压力可能源于家庭、朋友、同事之间的不和，或是角色期望的不匹配。社会角色的改变，如婚姻、离异、升职或失业，都有可能成为重大的压力源。

工作压力源是现代社会中极为常见的压力源之一，涉及工作环境的竞争、工作量的增加、工作安全性的担忧、职业发展的不确定性以及工作与家庭生活之间的平衡问题。工作压力不仅影响个人的心理健康，还可能对身体健康造成影响。

生理压力源主要包括个体自身的健康状况、生物钟的变化、药物或物质的

使用等。疾病、受伤或是身体条件的改变都可以引发压力。此外，咖啡因、尼古丁等物质的摄入，以及睡眠模式的改变，都可能成为引起个体产生压力的生理源。

认知压力源指的是个体对周围世界的解释和理解方式，包括对事件的预期、信念、价值观等。认知压力源通常涉及对未来的担忧、对自我能力的怀疑、对生活事件的负面解读等。个体的心理态度和期望差异，也在这一类别中占有一席之地。

情绪压力源与个人的情绪状态和情绪调节能力紧密相关。情绪波动、情绪压抑或情绪表达的困难都可以成为压力源。长期的情绪不稳定，如悲伤、愤怒、焦虑等，会持续地对个体产生压力影响。

能够成为压力源的刺激物具有某些共同的特点：超负荷、动机冲突、不可控制。

具体的压力大小测量表，如表6-1-1所示。

表6-1-1 霍曼和瑞希编制的生活改变与压力感量表

1	丧偶	100
2	离婚	73
3	分居	65
4	犯法/拘留	63
5	亲人死亡	63
6	自己受伤或患重病	53
7	结婚/谈恋爱	50
8	失业/解雇	47
9	再婚/婚外恋情	45
10	退休/退学/休学	45
11	家庭成员的健康变化	44

（续表）

12	妻子或女友怀孕	40
13	性生活不和谐	39
14	家庭成员增加	39
15	挂科/考试不理想/事业重新调整	39
16	失恋/受人歧视/预期评选落空	38
17	关系密切的朋友死亡	37
18	工作岗位改变	36
19	夫妻争吵/与恋人吵架	35
20	外债超过10万元/与人打架	31
21	丧失财物/被偷盗/意外惊吓/事故	30
22	工作责任的改变/职位的升降	29
23	儿女离开家/长期不能与家人团聚	29
24	法律上的麻烦/打官司	29
25	个人突出的成就/获奖/升学压力	28
26	配偶找到或失去工作/与好友发生纠纷	26
27	开始或结束学校生活	26
28	生活条件的变化/人际交往的变化	25
29	与上司有麻烦/与老师有冲突/当众丢脸	23
30	个人习惯改变	23
31	学习、工作的时间或地点改变	20
32	换学校/换专业/换工作	20

（续表）

33	迁居	20
34	娱乐方式改变	19
35	信仰改变	19
36	社会活动改变	18
37	抵押或借贷少于1万元/经济困难	17
38	睡眠习惯改变	16
39	家庭成员的离合	15
40	饮食习惯的改变	15
41	度假/假期旅游	13
42	春节/圣诞节	12
43	小的违法行为/被罚款200以下	11

（二）大学生常见的压力

1. 新生适应

这个压力主要是针对新生而言的。众所周知，在现有的教育体制下，从小学到高中，学生的学习和生活环境基本上没有太大的变化。但进入大学后，学习和生活环境发生了重大的改变。有人这样概括这个变化的特点：在中学阶段，学生伏案学习；在大学阶段，他需要站起来，四面观望。从中学到大学的变化涵盖了很多方面：学习方式由原来老师手把手带着学，变为老师只是个引路人、主要靠自学；原来主要是走读生活，变为住校；学习目标由原来的单一、明确转变为复杂、模糊；学习内容由过去的由学校统一规定转变为学校提供参考和学生自己选择决定；人际关系由过去的无须过于关注转变为必须面对，由过去的单纯转变为现在的复杂；主要任务由过去的为升学考试而学习转变为就业而全面培养自己；从生活上说，离开过去熟悉、适应了的生存环境，突然来到一个陌生的城市，来到一个在语言、生活习惯、生活水平、社会环境、文化氛围方面都与自己的过去有着巨大差别的全新环境。

这么多的巨大转变，几乎是在同一时间突然降临到大一新生的头上。这无疑会给他们带来巨大的压力和适应上的困难。

2. 专业选择

大学期间所学的专业对一个学生将来的就业机会、职业满意度、薪酬水平等具有重大的影响。因此，选择一个适合自己的专业，了解专业发展的前景及其对个人能力的要求，也成为大一新生常见的一个问题。这个问题如果解决好了，会有力地增强大一新生的学习动机和兴趣，强化其学习的目标与方向感，为毕业后找工作及今后的事业发展打下一个良好的基础。然而，由于大多数的高中生及其家长、中学教师对大学里的专业设置、不同专业对学生的要求、专业的发展前景、学生的专业兴趣等都不甚了解，所以在专业的选择上具有很大的盲目性。因此，在进了大学之后，专业定向问题会再次出现。一个学生在进入大学后发现自己所选择的专业并不适合自己，这时会给其带来不小的压力。如果改换专业已经不太可能，那么不得不学习自己不喜欢的专业，而对于自己喜欢的专业又没有时间和精力去学习，这时压力感就更大了。

3. 人际关系问题

在我国的大学校园里，一般而言，同一寝室里的成员在大学期间基本上是固定不变的。他们往往也来源于同一个班，人数为4—8人，因此他们在日常的学习和生活中有着密切的接触。这种状况使同学关系更加亲密，其表现是同寝室的同学往往生活步调高度一致：一起去食堂吃饭、一起打开水、一起上课、上自习、一起逛街等。但是，这种状况也埋下了一些隐患，那就是人际关系的问题。这是因为，过度紧密的接触和狭小的空间使得每个人的物质空间和心理空间都很小，从而导致人与人之间产生摩擦与冲突。而且，团体动力学的研究表明，在一个3—4人的团体里，很容易出现两个或三个人结成一帮，而使另外的一个或两个感觉被孤立的情况。

生活习惯的不同也容易导致出现各种矛盾。来自不同地区、不同家庭、性格各异的学生同住一室，难免会有干扰或摩擦。例如，有人习惯早睡早起，有人却习惯熬夜；有人习惯在寝室里自习，有人则喜欢在寝室里聊天会友；有人爱整洁，有人却喜欢生活随便；等等。生活中大大小小的差异是他们每天都要面对的，因此摩擦也就在所难免。而这样一些小的摩擦积累到一定程度，就会以冲突的形式爆发出来。寝室人际关系问题是大学生人际关系问题的突出表现，也是给大学生造成巨大心理压力的关键。

最后，性格特征也是引起人际关系问题的原因之一。例如，有的人想与人交往，但性格内向、被动、敏感、不合群，因而交不到朋友，有的人又个性太强，事事以自我为中心，不会考虑别人的感受，只愿收获不愿付出，也让别人敬而远之。这些人都因为自身的原因而无法获得良好的人际关系。他们体验着不被人理解、无人关心的孤独滋味。

4. 恋爱问题

处于20岁左右的年轻人，对异性越来越关注，对感情的需要也越来越强烈。大学生恋爱早已不是什么新鲜的、个别的现象。但是，他们往往爱得热切，同时也爱得艰难。因为他们缺乏对自身以及异性的足够的了解，处理和把握事情的能力和经验不够。所以，恋爱中常常出现这样或那样的问题。面对这些问题，他们又不知如何解决。因此，恋爱也是给大学生造成压力的一个方面。

5. 择业就业压力

在工作岗位没有明显增加的情况下，毕业生却一年比一年多，因而就业与竞争给现代大学生造成了最大的压力。能不能找到理想的工作、能不能适应工作的要求而保住饭碗等压力，不仅仅只有毕业生才有，许多大学生在很早甚至是一、二年级时就体验到了。如何选择专业、如何提高备考的效果、如何获得学费和生活费等问题成了这一部分学生的压力来源。

6. 经济的压力

大学生群体中，相当一部分来自贫困地区，经济的压力无时无刻萦绕在他们的心头，而且由于经济拮据，他们可能交友不慎、分心、打工而荒废部分学业。大学生喜欢幻想并追求理想，而他们却要面对经济上的残酷现实。

二、压力的特点

心理压力的形成是一个复杂的心理和生理过程，它与个体面对环境挑战时的认知评估、情绪反应及身体状态紧密相关。

压力源，亦即引发压力的因素，可以分为外部因素和内部因素。外部因素包括但不限于工作负荷、人际关系冲突、财务问题、环境变化等。内部因素则涉及个体的性格特质、价值观、期望、目标与现实之间的差距等。当个体面对这些压力源时，如果认为自己无法有效应对或处理这些情况，其心理压力便会产生。

外部因素通常是不可控的，它们的变化和存在往往独立于个体意志之外。例如，一个突如其来的工作截止日期，或是不可预见的财务损失。相对地，内部因素更多受个体认知和心理状态的影响。比如，对于同一个事件，乐观的人可能视之为挑战，而悲观的人则可能将其看作是不可逾越的障碍。

个体面对压力源时的反应包括认知反应、情绪反应和生理反应三个方面。认知反应涉及个体如何解释和理解压力源，以及他们认为自己有多大能力去应对这些挑战。情绪反应则是压力源引发的情绪体验，如焦虑、恐惧或愤怒。生理反应包括心跳加速、血压升高等，这些都是身体为应对压力而作出的自然调整。

压力反应的强度和类型取决于个体的认知评估。如果个体认为某一压力源超出了自己的应对能力，那么产生的压力反应可能更为强烈，伴随更多的负面情绪和生理改变。反之，如果个体认为自己能够有效应对，压力反应可能较为温和，甚至可能激发出积极的行动驱动力。

在探讨心理压力的同时，不可忽视的是"正性压力"的概念。正性压力，或称为"良性压力"，指的是那些能够激发个体潜能、促进个体成长和发展的压力。与负性压力相对，正性压力不仅不会引起过度的焦虑或恐惧，反而能够激励个体面对挑战，发挥最佳水平。

负性压力可以使大学生产生一种不愉快、消极痛苦的体验，具有阻碍性。

压力可能导致大学生食欲变差、社交活动减少、性欲减退、疏远朋友和家人、学习效率下降、无法集中注意力和冲动行为增加等。

压力是处于动态变化过程中的，是逐步积累的。

压力的知觉和效应是累积的，长期的压力能够让大学生深感疲劳并不堪重负。

三、压力的影响

适度的心理压力能成为人们活动的动力，对活动起激励作用。长期的心理压力过大，会引起大学生持续的情绪紧张，并由此而引发一系列的身心疾病。在教育心理学上，有个非常有趣的学习压力（焦虑）和学习效率的倒 U 形曲线，如图

6-1-1所示。从曲线可知：如果大学生完全缺乏紧张、毫无压力，会导致没有学习动力，这是不利于学习的。适度的焦虑、紧张会让大学生看到差距，激发斗志；带着适度的紧张应考，还会激发人身体的应激水平，有利于超水平发挥。当然，过度的焦虑、紧张会起相反的效果，需要进行调节。

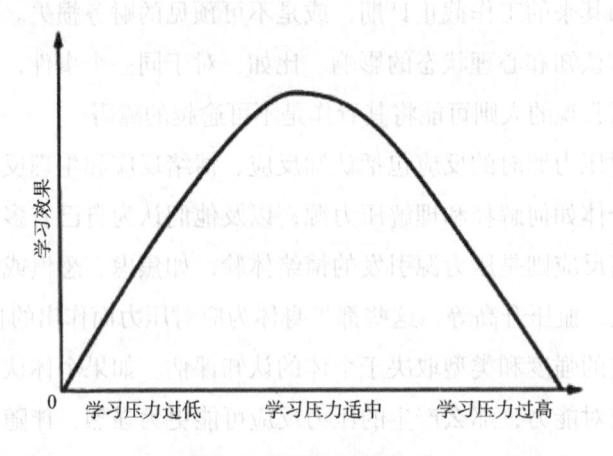

图 6-1-1 倒 U 曲线

（一）压力的正面影响

适度的压力，也被称为"良性压力"，对学生群体实际上可以产生积极影响。适度的压力被认为是一种激励手段，能够促进学生的成长、提高他们的学习效率，以及增强他们面对未来挑战的能力。

适度的挑战和期望可以促使学生设定目标并朝着这些目标努力，这种动力来源于人们对于完成任务和实现目标的自我期望，以及对于达成这些目标后可能获得的满足感和成就感的预期。因此，当学生面对适当水平的压力时，他们更有可能采取主动学习的方式，更加专注于任务，并且更有意志力去克服困难。

其次，适度压力有助于提高学生的学习效率和时间管理能力。面对截止日期和考试等压力，学生往往会更加重视时间管理，学习计划制订和执行，以及优先级的设定。这不仅提高了学习的效率，也有助于学生在未来的学习和职业生涯中，更好地管理压力和时间。此外，适度的压力还可以促进学生使用更高效的学习策略，比如主动学习、分布式练习和自我测试，这些策略被证明可以提高学习成效和有助于长期记忆。

面对挑战和压力，学生被迫离开舒适区，考虑不同的解决方案和方法。在这种情况下，学习过程不仅仅是关于记忆和重复，更多的是关于批判性思考、创造性思维以及灵活适应新情况。通过这种方式，适度压力激发了学生的创新精神，使他们更加乐于接受新思想，并且更有能力处理复杂和不确定的情形。

适度压力对于培养学生的韧性和应对挑战的能力也非常重要。面对压力和挑战时，学生要学习如何管理自己的情绪，寻找支持，以及采取有效的应对策略。这种经历不仅在当下有助于他们克服难题，也为他们日后面对生活和职业中的挑战打下了坚实的基础。学会在压力下保持冷静和专注，并且从失败中恢复，是一种宝贵的生活技能，对个人的长期成功和幸福至关重要。

（二）压力的负面影响

1. 压力过大的心理症状

学生群体面临的压力是多方面的，从学术到社交，再到家庭期望，这些压力会积压成一种强大的力量，在不知不觉中超出个体的应对能力。当压力过大时，心理症状就会逐渐显现，它们可能是渐进的，也可能是突然发生的，严重影响日常生活和学习效能。

在持续的压力之下，学生首先会感到普遍的焦虑。这种焦虑并非一般的紧张状态，而是一种深刻的内心不安，它可能导致心跳加速、出汗、颤抖、疲劳和集中注意力困难。长期的焦虑可能演变成焦虑症，包括广泛性焦虑症和社交性焦虑症等形式，这些焦虑症状可能在学习环境中尤为突出，如在课堂发言、考试或是与同龄人互动时表现出来。

除了焦虑，过度压力还可能引起抑郁症状。学生可能会感到持续的悲伤、绝望感，甚至对以往喜爱的活动失去兴趣，这种状态被称为兴趣缺失。他们可能注意到自己的能量水平下降，伴随着失眠或过度睡眠、食欲改变、体重增加或减少，以及自我价值感的减少。在极端情况下，这种抑郁情绪可能导致出现自杀思考或行为。

紧张和持续的心理压力还会引发认知功能障碍，包括记忆力减退、判断力下降、决策困难或思维混乱。学生可能发现自己难以回忆起课上所学的信息、理解复杂概念或在考试期间回忆关键知识点。他们可能在课堂讨论中感到思维缓慢或无法跟上讲座的进度，导致学术成绩下降。

压力过大的心理症状有时会在行为上表现出来，如避免出现在社交场合、课程缺席、学业成绩下滑、过度使用电子设备作为逃避手段、药物滥用或其他不健康的应对策略。此外，他们可能出现不断的身体疾病，如头痛、胃痛或其他心身症状，这些通常是心理压力转化为身体反应的结果。情绪上的波动也可能更加剧烈，使学生在处理日常压力时显得更加脆弱。他们可能对小事过度反应，情绪爆发或哭泣，有时候这些情绪释放会在不适当的场合发生，导致社交关系紧张。在某些情况下，学生可能感到麻木或脱离，好像他们与周围的世界断开了联系，这是由于一种被称为解离的心理防御机制在起作用。

2. 压力过大的生理症状

首先，长期承受高压的学生大多睡眠会遭受障碍，包括难以入睡、睡眠中断或是早醒等，形成恶性循环。此外，睡眠质量的下降直接影响到学生第二天的注意力、记忆力和综合学习能力。

其次，压力过大的学生还容易表现出消化系统的问题，比如食欲不振、胃痛、消化不良或是严重的胃食管反流。这些症状不仅影响学生的饮食习惯和营养吸收，还可能会因长期紊乱而发展成更为严重的消化系统疾病。

过度的压力往往引发头痛、肌肉紧张或疼痛，尤其是在颈部、肩膀和背部。这不仅是身体对持续精神压力的直接反应，也会因为这些疼痛而加剧学生的压力感，形成又一个恶性循环。

长期处于高压状态下的学生还可能出现免疫力下降的情况。研究显示，压力会影响人体的免疫系统，使得学生更容易感冒、发烧等，增加生病的频率和恢复期的长度，从而进一步影响学习进度和生活质量。

心跳加速和呼吸急促也是压力过大时常见的生理症状。在面对紧张和焦虑的情境时，身体会自动进入"战斗或逃跑"的模式，导致种种生理反应。但是，这是一种短期的生存机制，若学生长期处于这种状态，会对心脏和呼吸系统造成不良影响。

皮肤问题也可能是压力过大的一个外在表现，比如湿疹、痤疮或是其他皮肤疾病。心理压力被认为是触发或加剧这些皮肤问题的重要因素之一。

第二节 高校学生挫折的产生与影响

一、高校学生挫折的产生原因

(一)主观原因

由主观原因引起的挫折被称为内因性挫折,是由于个人自身的因素引起的挫折感。个体因素包括个体的生理、心理、动机水平、挫折承受力、抱负水平、归因方式等。

内因性挫折是人们为实现目标而采取的行为遭遇无法逾越的困难阻碍时,由于个体因素,即动机冲突、归因不当、抱负水平过高所产生的一种紧张的消极情绪反应、情绪体验和心理状态。

根据韦纳的归因理论,一个人对成功和失败的结果进行归因分析解释,会对他的情绪状态、活动动机、活动的努力程度产生很大影响。该理论的核心在于探讨个体将某一结果归因于某些原因的过程,这些原因可以是内在的(如能力或努力),也可以是外在的(如任务难度或运气)。个体对事件的归因取决于三个维度:稳定性(stable-unstable)、可控性(controllable-uncontrollable)和内在性与外在性(internal-external):稳定性维度涉及个体判断一个因素是变化的(不稳定的)还是相对恒定的(稳定的),稳定性的归因影响个体对未来成功的预期,稳定因素导致的失败可能让个体对未来持悲观态度,反之亦然;可控性维度关注个体,认为结果是由自己可以控制的因素或是无法控制的因素决定的,可控性的归因影响着个体的情绪反应和对未来行动的动机,如果认为失败是由于不可控因素导致,个体可能会感到无助和沮丧;内在性与外在性维度着重于个体是将结果归因于自身因素还是环境因素。韦纳的归因理论强调了个体在面对成功和失败时的复杂心理过程。个体的归因倾向不仅影响他们的情绪反应,也影响他们的行为动机和未来的努力方向。

挫折是一种主观心理感受,挫折体验和抱负水平密切相关。抱负水平又称抱负水准,是一个人对自己所要达到的目标所规定的心理愿望和标准。抱负水平的个体差异性越大，挫折反应的差异性也越大。比如学生考取了同样的分数，但因为个人抱负水平不一样，会造成不同的挫折反应。一个人抱负水平高，没有考到85分以上，他就会体验挫折，情绪消极；而另一个人抱负水平低，觉得考到70分左右就很不错，得80分对他来说就是成功的体验。在相同的情境下，由于人的心理状态、需要动机以及思想认识的不同，在遇到挫折时的表现会大不一样。

很多大学生制订了多个目标，有多个行为动机，并且每个动机强度基本相当，但是有些动机由于一些条件的限制无法同时被满足，有些动机是互排斥的，根本不能同时被满足，必然会产生动机冲突。事实上，很多目标不可能同时达成，接近其中一个目标就会远离另一个目标，必然导致动机冲突，使学生产生挫折感。

（二）客观原因

由客观原因引起的挫折被称为外因性挫折，是由于外界因素的阻碍使人不能达到目标，动机不能获得满足。大学生产生挫折心理的客观原因来自5个方面：自然环境、社会环境、学校环境、家庭环境、突发事件。

1. 自然环境

自然环境因素是指来自自然界或具有自然性质的、对个体心理发生影响的方面。对个体心理来说，胎儿在母体内的生物环境是人遇到的第一个自然环境，这时的安全感主要来自母亲。当一个人从母体中出来，就进入第二个自然环境即地理环境。

地理环境对人的心理影响也是很大的，比如西部地区的人因为地域辽阔而心胸较为开阔；常年生活在高山上的人有着良好的协作精神；在东北等严寒地区生活能磨炼人的意志品质；阴雨比较多的地方使人焦虑和抑郁；美丽的湖光山色让人神清气爽、精神百倍等。

自然环境中有一些非人为力量所造成的时空限制、自然灾害、突发事故等，这些都是人们无法控制的客观因素。遇到这些不可控的自然因素，有些人会表现出很大的情绪和身体反应，会出现不舒服的身心症状，导致心理创伤。心理创伤是遭受挫折后的一种反应，主要是由外界因素造成的，是对身体、心理、精神和与他人关系的严重伤害。四川"5·12"地震之后，很多人都有心理创伤。心理创伤对后期的影响非常大，甚至会使人出现严重的心理疾病，如抑郁症等，甚至有一部分人会自杀。

自然界中的一切事物都按照自己的固有规律发展着，很多自然因素的变化使人无法预料和抗拒，生活中有很多潜在的危险，没有办法被提前预防和干预。当遇到不可控的、来自自然环境的挫折时，人容易产生无力感、渺小感和无助感，感叹人在大自然中的渺小，影响一个人对生命的思考。

2. 社会环境

大学生生活在社会之中，社会的政治、经济、道德甚至风俗习惯等，都可能是引起大学生挫折的因素。如在学校中遭遇不公平对待，在就业过程中遭受失败等都是来自社会环境的挫折。

（1）外界现实和已有的价值观冲突。学校的不公平现象、就业的压力、恋爱的功利，这些外界的刺激都会让人对已有的认知经验产生怀疑。一个人在努力接受这样的现实，不断地重新调整认知、整合价值体系的过程中，内心不断产生冲突，导致心理失调和产生挫折感。

（2）社会多维度的学生评价和需求变化让人措手不及。毕业后，社会上人才录用更加重视综合素质，如果一个人实践经验不足，社会阅历肤浅，求职技巧不足，就会在就业中体验挫折。社会环境造成的挫折对人的行为产生的影响，远比自然环境造成的挫折对人的行为产生的影响要大。

3. 学校环境

学校环境因素日益成为造成大学生产生挫折心理的重要因素。调查显示，学校的隐性教育管理更能影响学生的心理发展，主要归纳为物化教育因素和非物化教育因素。物化教育因素包括校园环境、校园建筑、教学环境设施、文体活动设施等；非物化教育因素包括校园文化、师德师风、规章制度、学校舆论等。

很多大学生会因为学校教育因素，如评优不公平、党员评定落选、教师个人人格偏差、宿舍关系矛盾、校园安全感堪忧等，引发成长焦虑。大学生正处于"心理断乳期"，是成长的关键期，面临一个多元化、全新的、复杂的环境，很多学生应对能力不足，容易出现迷失、焦虑、无助、迷茫等情绪。所以学校要加大隐性心理教育力度，减少引起挫折的诱因，及时排除校园隐患，做好学生的抗挫折心理教育。

4. 家庭环境

家庭教育对青少年良好心理素质的形成起着非常重要的作用。很多教育学家都有这样的观点：家庭是人生的奠基石，父母是孩子的第一任老师。

研究表明，有几类家庭教育模式下的孩子抗挫折能力较差：一是家长对孩子过于娇生惯养和溺爱，孩子不会与人分享交流，独立性差，孩子进入大学后，容易产生心理挫折；二是特殊家庭，如双亲矛盾很大、单亲家庭、家庭贫穷、家庭沟通存在困难，在这些家庭中长大的孩子不容易表露感情，郁郁寡欢，容易产生心理挫折。

5. 突发事件

在生活中，有很多突发的事件会给人造成极大的挫折感，如自然灾害、恐怖袭击、严重交通事故、突发的公共卫生事件等，通常具有突然性、不可预测性和极端性，对个体心理健康的冲击巨大且深远。创伤后应激障碍（PTSD）是突发事件过后最常见的心理反应之一。高校学生在突发事件后可能表现出回避、重现经历、过度警觉等症状。这些症状可能会持续数月甚至数年，严重影响学生的学习和生活。另外，与PTSD类似，急性应激障碍也是经历突发事件后常见的一种应激反应，不过其症状出现的时间较短，通常在事件发生后的一个月内消失，该障碍的症状包括回避、麻木、解离症状等。除了上述特定的创伤和应激相关障碍外，突发事件还可能引发或加剧高校学生的抑郁和焦虑症状。这些心理问题可能表现为持续的悲伤、失去兴趣、疲劳、集中注意力困难等。突发事件可能导致学生对世界的认知产生变化，例如感觉世界不再是一个安全的地方，对未来感到悲观，这种认知扭曲可能进一步加深学生的心理问题；突发事件带来的直接情感冲击，如恐惧、悲伤、愤怒等，可能导致学生在情感调节上出现困难，从而影响其日常生活和学习；突发事件可能导致学生的社会支持网络受损，如家庭成员受到影响等，社会支持的减少会增加学生感到孤独和无助的风险，从而加剧心理障碍。高校应通过综合心理干预、社会支持和教育等措施，帮助学生应对突发事件带来的心理创伤和应激障碍。

二、挫折对健康成长的影响

（一）消极影响

1. 挫折导致生理疾病

在挫折情景下，有的人会生病，有的人不会生病，这背后的生理心理学机制是什么呢？生理心理学研究表明，挫折所导致的紧张状态会通过大脑调动神经内分泌免疫系统，能击溃个体的生物化学保护机制，从而降低抵抗力，攻击生理或心理的薄弱部位，引发疾病。这一类疾病统称为适应性疾病或紧张状态病，并导致躯体出现明显的变化，严重的会使各器官组织趋向衰竭，神经系统和内分泌系统失调、失控，一般的表现信号是软弱无力、脸色苍白、心率改变、血压上升、瞳孔缩小、呼吸频率改变、消化腺活动受抑制。有些人的生理行为也会发生变化，如哭笑、战栗、惊叫、逃跑、姿势反常。甚至血液中的化学成分也会发生变化，严重危害健康。

2. 挫折导致心理和行为失调

（1）挫折会影响个人对成功和失败的态度。如果一个人一直遭受挫折，他就会把这种偶然当成必然，把失败归结为自己无能、愚笨或个性中的极大缺陷，丧失自信心和对成功的渴望，对自己失去信心。

（2）挫折会影响个人的抱负水平。经常遭受挫折的人会过低估计自己的能力，过高估计各种困难，从而降低个人的抱负水平，影响积极性，难以达到预定目标，最终可能变得胸无大志、得过且过、无所作为。

（3）挫折会影响人的行为表现。挫折常使人处于应激状态下，使人控制力下降，容易感情冲动，不能约束自己的行为，不能正确评价自己行为的意义，不能估计行动的后果，言语偏激，甚至发生攻击性行为，违反社会规范，严重的会触犯法律。

（二）积极影响

1. 磨练性格和意志，挖掘身心潜能

挫折在一定条件下可以将坏事变成好事，它磨练人的意志，使人经受考验，积累教训，重新鼓起勇气，再接再厉。很多成功的人都曾经历过重大挫折，歌德因绿蒂另有所爱而初恋失败，于是写下《少年维特之烦恼》；孔子因失意而著《春秋》；司马迁因宫刑而著《史记》，被称为史家之绝唱；屈原在痛苦的流放过程中赋《离骚》。电影《隐形的翅膀》中，扮演志华的女演员叫雷庆瑶，有着和影片中女主角相似的经历，一个没有双臂的女孩，凭着自己顽强的意志，用脚勾勒出人生的蓝图。她不能像别人一样用手写字、刷牙、洗衣服，不能跟别的小朋友一起放风筝，她要面对的挫折是普通人无法想象的。但最后，她成功了。在《心理访谈》节目上，雷庆瑶讲述自己的成长历程。参加节目的自始至终，她都在笑，没有把别人惊奇的目光看成歧视，而是作为一件高兴的事看待。永远保持乐观、积极的心态，这也许就是她成功的秘诀。

2. 增强情绪调节能力和解决实际问题的能力

在一定条件下，适度的紧张和压力是必要的和有益的。人在适度紧张的情况下，身体内会产生一系列的生理变化，使身体释放出更多的能量，以应对当前的问题。这时，人的注意力更加集中，思维更加敏捷，反应速度加快。挫折有助于修正自己的行为、目标，它常常在个体偏离目标或脱离实际时亮出红牌警告，使个体清醒过来。例如，工作出了差错，很可能说明自己的知识、能力有缺陷；遭到别人的猜疑、压制，很可能是自己的人际关系没有处理好；考试成绩不理想，很可能是自己放松了学业。适度的挫折可以让大学生正确地认识自己、修正自己，提高生活适应能力，实现人生的目标。

第三节　教育心理学在高校学生压力与挫折应对中的应用

将教育心理学应用于学生管理中，可以通过教育教学和引导实现对学生管理的全面促进。不仅如此，受到当前就业市场竞争压力逐渐扩大的影响，高校毕业生仅拥有较强的知识水平已经无法胜任压力日益增加的工作，唯有拥有强大的心理能力才能面对竞争激烈的社会。因此，高校将教育心理学应用于学生管理中，从心理学的角度出发帮助学生培养坚韧意志，提高抗压能力，增强面对挫折的勇气，为学生的未来发展奠定一个良好的基础。

一、神经症

神经官能症又称神经症或精神神经症，是一组精神障碍的总称，包括强迫症、抑郁症、神经衰弱等，患者深感痛苦且妨碍其心理功能或社会功能，但没有任何可证实的器质性病理基础。神经症患者精神易兴奋或易疲劳，同时伴有焦虑、恐惧、强迫、疑病、多种躯体不适感等症状，与不良的社会心理因素有关，不健康的素质和人格特性常构成发病的基础。这些症状大多持续很长时间（至少3个月）。患者的行为一般保持在社会规范允许的范围之内，有相当的自知力，痛苦感明显，有较强的治疗动机，会主动到心理咨询中心求助。

（一）强迫症及其防治

强迫症（Obsessive-Compulsive Disorder，OCD）是一种常见的、慢性且长期的精神障碍，其特征在于人们经历不受欢迎的强迫观念（obsessions）或强迫行为（compulsions），这些思想或行为以重复且持续的形式出现，导致显著的焦虑或苦恼。受此疾病困扰的个体常常会尝试通过进行某些行为或心理活动来抵消或减轻这些强迫思维或冲动。

在医学上，强迫症被定义为一种以强迫观念和强迫行为为特征的精神障碍。强迫观念是指反复出现的、持续的思想、冲动或想象，这些通常是不受个体意愿的、被视为侵入性和不适当的，会引起明显的焦虑或痛苦。个体可能尝试通过其他思想或行为（即强迫行为）来忽视或中和这些观念、冲动或想象，尽管这些行为既不是以现实的方式解决问题的有效手段，也不会产生持久的快感。

强迫症的确切原因尚不完全清楚，但研究指出，多种因素可能共同作用导致其发展。

遗传因素：研究显示，强迫症有一定的遗传倾向。如果家庭成员中有人患有OCD，其他成员患病的可能性会增加。

生物化学因素：脑内某些化学物质的不平衡，尤其是血清素（serotonin）水平的异常，被认为与OCD的发生有关。血清素是影响情绪、冲动控制和焦虑的一种神经递质。

大脑结构与功能异常：一些神经影像学研究发现，患有OCD的人在大脑某些部位（如前额叶、纹状体、脑岛）的结构和功能上存在异常。这些区域参与处理复杂的信息，包括决策、解决问题以及处理焦虑情绪。

环境因素：特定的环境压力或创伤性事件，如亲人的丧失、有受虐待历史或重大生活变化，也被认为可能触发或加剧OCD的表现。

认知因素：个体的认知习惯，如对风险的过度评估、完美主义倾向，以及对自身思维的过度控制，可能使某些人更容易发展出OCD症状。

强迫症患者伴有抑郁、情绪低落、自我评价低等问题，人际交往也有困难，经过药物和心理辅导相结合的治疗可以有所控制。

强迫症的治疗要点如下。

（1）性格的挖掘

轻微的强迫症并不影响社会功能，个体可以正常地学习和生活，能觉察痛苦的程度，但程度不高，可以自行调节。有一种强迫性人格，特点是刻板、完美主义、偏执、过度关注细节，对工作和生活的要求高。个体应对自我进行深入分析，了解导致强迫的原因，挖掘性格中的强迫因素来完善性格。

（2）强迫思维的解剖

很多具有强迫性思维的人最大的痛苦是和自己的强迫观念作斗争，这种斗争带来神经和精神紧张、高压导致反高压，又加剧了强迫观念的力量，让人变得不可忍受。强迫症最忌反复思考，这样会使强迫症不断得到强化，反而会加重其症状，所以顺其自然是一种很好的方式，患者应做到在想法中克服观念和在行动中善待观念。

（3）学习多关注性格内向、神经质的学生

性格内向和神经质的学生往往更容易受到强迫症症状的影响，且其症状可能更为隐蔽和持久。性格内向的学生倾向于保留情感和想法，而不是与他人分享，导致焦虑和强迫思维在没有外部干预的情况下加剧；神经质的个体则易受情绪波动影响，这种波动可能将加剧强迫行为作为一种应对内在焦虑的方式。

在纠正这些症状的过程中，应采取综合性和个体化的方法。首先，学校心理健康专家和辅导员应进行早期识别和评估，以确定哪些学生可能正表现出强迫症症状，并评估他们的性格特征。此类评估应包括一系列标准化测试和个人访谈，以确保收集到全面的信息。一旦确定了高风险学生群体，就应实施针对性的干预措施。对于性格内向的学生，可以通过小组辅导和活动来鼓励他们表达自己的想法和情感。这些活动应该是支持性和非威胁性的，以便学生能够在安全的环境中展开活动。此外，可以教授他们沟通技巧和社交技巧，帮助他们更好地与他人互动，从而减少孤立感并建立支持系统。

除了直接的心理健康干预，学校还应建立一个全面的支持系统，包括老师、家长和同龄人。培训老师和家长识别强迫症症状，并提供他们需要的资源来支持这些学生，是非常重要的。同时，增强同龄人对心理健康问题的了解和同情，可以促进学生更加包容和支持的学校文化。

（4）切实缓解学生的学习压力

有强迫症倾向的学生常常表现出对成绩、完美和控制的极度执着，对这些学生而言，学习活动往往伴随着过度复习、反复检查作业以及对错误的极度恐惧。这不仅耗费大量时间，而且会导致精神压力和情绪困扰的加强。教育者和辅导人员应关注个体学习过程中的情绪体验，通过咨询，帮助学生识别和管理他们的不安和恐惧。其次，学校应创建更具包容性的教学环境，让学生在没有过度压力的环境中进行探索和学习。这可能涉及调整评估标准，不完全依赖于考试成绩，而是更多地考虑到学生的进步和努力。此外，学习活动可以更注重过程而非结果，鼓励学生通过团队合作和项目学习来发展批判性思维和解决问题的能力。

学习计划的灵活性对于缓解学生的学习压力至关重要。为强迫症学生提供定制的学习计划，让他们可以在较少的压力下逐渐提高学习效率。例如，在特殊情况下允许他们调整作业截止时间，或者在考试时给予额外的时间，这些调整可以帮助他们降低对学习的过度关注和焦虑。

（5）关注并改善父母教养方式

研究显示，家庭环境与强迫症的发病与维持有着密切的关系。因此，改善父母的教养方式对于纠正强迫症患者的症状具有重要意义。

首先，父母需提高对强迫症的认识和理解。由于父母的知识和态度可极大地影响子女，因此，增加有关强迫症的知识有助于父母采取更加合适的教育方式。了解强迫症的特点能使父母认识到，孩子的强迫行为并非出于顽固或故意，而是一种疾病症状。这种理解对于建立同情和支持的家庭氛围至关重要。

家长还应当重点关注教养方式中的亲密性与自主性的平衡。经研究发现，过度控制和过度保护的教养方式与强迫症症状的发生有关。因此，培养孩子的自主性和独立性显得尤为重要。父母应当鼓励孩子自我探索，并为子女提供选择的机会，从而帮助他们发展处理困难和解决问题的能力。同时，维护亲密和支持的关系，确保孩子知道他们的努力和挑战是被家长所理解和支持的。

改变父母对待孩子出现错误的方式也非常关键。对于强迫症患者来说，过度的批评可能会增加他们的焦虑感，导致强迫行为的加剧。相反，通过积极强化，如赞扬孩子努力尝试和克服困难的行为，可以增强患者的自信心，降低强迫症状。此外，父母需要避免对强迫行为的无意识强化，例如因强迫行为而给予过度的注意或者安慰。

家庭治疗是改善教养方式的一个重要途径。家庭治疗师可以指导父母识别和修改可能导致或加剧强迫症症状的教养行为。通过家庭治疗，可以提高家庭成员间的沟通技巧，帮助父母学会如何在不强化孩子强迫行为的情况下给孩子提供支持。

最后，父母自身的情绪调节对于缓解子女的强迫症症状至关重要。父母自身的压力和焦虑可以通过家庭动力学影响到子女，从而可能加重强迫症的症状。因此，父母应该寻求适当的方法来管理自己的情绪，如参加支持小组、个人心理咨询或学习放松技巧等，这样不仅能够直接减轻自身的压力，也能为子女树立积极应对困难的榜样。

（6）认知疗法为主

认知疗法（Cognitive Therapy），也被称为认知行为疗法（Cognitive-Behavioral Therapy, CBT），是一种以改变个体思维模式和行为为目标的心理治疗形式。该疗法的核心观念在于，不良的认知模式（即个体对事件的消极思考方式）是导致情绪和行为问题的根本原因。因此，通过识别和修改这些不合适的认知模式，可以有效地治疗各种心理疾病，包括抑郁症、焦虑症、恐慌症和强迫症等。在实践中，认知疗法包含多个步骤。首先，治疗师会帮助患者识别出造成情绪困扰的核心信念和扭曲的认知过程。这些认知扭曲可能包括灾难化（将小问题放大）、以偏概全（根据一次事件对整体作出负面评价）、标签化（给自己或他人贴上负面标签）等。随后，治疗师会引导患者质疑这些扭曲的认知，检验它们的真实性和合理性，并探索有替代性的、更具适应性的思考方式。

除了认知重建，认知疗法还包括行为技术，如逐步接近（将一个令人恐惧的情境分解成一系列较小的、可管理的部分，然后逐步面对）和自我监控技术（跟踪自己的行为模式，以提高自我意识和调整行为）。这些行为干预不仅帮助患者在日常生活中实践新的认知模式，还能增强他们对治疗成果的信心和控制感。认知疗法的有效性已被广泛的临床研究所支持。多项随机对照试验表明，对于抑郁症和焦虑症等常见心理疾病，认知疗法可以显著减轻症状，并改善患者的生活质量。尤其值得一提的是，认知疗法对于抑郁症的治疗效果，与抗抑郁药物相当，且在防止病情复发方面更显优势。

在强迫症治疗中，认知疗法着力于识别和改变患者对于自身思考与感受的误解，识别出患者的核心信念，这些信念常常与危险、责任和完美主义有关。

例如，患者可能过分夸大自己对事件的控制能力和对可能出现的负面后果的责任感，这种夸大往往导致患者尝试通过重复的强迫行为来预防这些想象中的后果。认知疗法将致力于重构这些核心信念，通过技术（如"认知重构"和"暴露加认知"重组），治疗师会与患者一同工作，挑战患者的预测，如"如果我不进行某个特定的行为，我的家人就会受到伤害"，并逐步展示这些预测的不合理性。在此过程中，患者学会对自己的强迫思维采取更加客观的观点，并逐步减少对这些思维的信任度。

此外，认知疗法亦致力于处理情绪调节困难，这对于减少强迫症状至关重要。强迫症患者常常尝试通过避免或中和强迫思维来减少焦虑或恐惧，而认知疗法教育患者接受这些不适感，并学会更有效的应对策略，如正念和情绪调节。

（二）抑郁症及其防治

有一篇文章指出，抑郁症被精神病学者称为精神疾病中的"普通感冒"，将抑郁等同于感冒，说明抑郁症是一种常见病。

抑郁症是青少年严重心理障碍的主要问题，对抑郁症要实行早发现、早转介、早治疗的方案。很多案例研究显示，早期发现的轻度抑郁症若能及时接受专业治疗，其康复率较高。重度抑郁症则易复发，需定期复诊、持续治疗。

美国心理咨询学者布德勒（Beutler）等提出，来访者身上大多存在两个问题：功能缺陷和应对欠佳。

（1）情绪持续低落，难以调节。在一天或者一段时间内的绝大多数时间里感到悲伤或情绪低落，且持续两周以上，用自己惯用的情绪调节方法无法应对。

（2）兴趣丧失。对许多事情或活动失去兴趣，尤其是曾经喜欢的事也懒于去做。

（3）睡眠紊乱。睡眠紊乱指睡眠不规律，不是嗜睡就是失眠。

（4）食欲、体重下降，有原因不明的疲乏、劳累，影响生活。

（5）自我评价很低。内疚，甚至自责、自罪。

（6）注意力不集中。

（7）反复出现自杀的念头，绝望、无助，生活无意义感强烈等。

抑郁症的治疗要点如下。

（1）抑郁情绪早识别。在日常生活中要多关注自身心理的变化，如果有上述症状，一定要引起注意。多数患有抑郁症的患者前期会出现抑郁情绪，抑郁情绪持续一段时间以后，在绝大多数时间里都没有得到改善和缓解的情况下，会发展为抑郁症，由轻度到中度再到重度的层级递进，也有急性发作的抑郁症。只要做到了快速识别、正确对待、及时处理，再进行必要的药物治疗与心理治疗，很快就会好转。

（2）延长快乐的感觉体验，恢复觉知快乐的功能。抑郁症的核心症状是快感缺乏，"快感缺乏"一词出自希腊语，意思是丧失体验快乐的能力。抑郁症剥夺了人快乐的感觉，使人丧失了快乐的本能。觉知快乐、体验快乐的能力是可以通过训练逐渐恢复的，需要家人的爱护和耐心陪伴。

（3）运动是预防和治疗抑郁的一剂良药。欧洲有这样一句谚语：一切药物都代替不了运动，而运动却可以代替一切药物。抑郁症和多巴胺是有直接联系的，多巴胺是人体的快乐元素，可以影响情绪，可以让人的精神感到愉悦。但是，持续的负面情绪让身体不再分泌多巴胺，或使多巴胺流失过快，就会使人患上抑郁症。很多治疗抑郁症的药物就有修复或者让身体分泌多巴胺的功能，这也是治疗抑郁症的最有效方法之一。

国外一项研究表明，户外散步可以对抑郁症患者的脆弱神经系统产生神奇的影响，即频繁行走可以起到缓解抑郁症症状的作用。当人们跑步时，大脑会分泌多巴胺，可以让人感到快乐，缓解抑郁。

（4）去除抑郁症的羞耻感，树立正确的认知观。很多人不愿意承认自己有抑郁症，抑郁症并不可怕，可怕的是一种错误的认识。一味地逃避否认，靠自己的意志力去抵抗，往往会加重抑郁。战胜抑郁是一场与自己心理的对决，要去除羞耻感，积极、勇敢地面对。还有一部分抑郁症患者对药物治疗存在一定的认知误区，忌讳药物治疗，担心药物的副作用，或者担心别人看到自己吃精神类的药物会有异样的眼光。

（5）构建家校联动协作模式，发挥家庭在抑郁症防治中的保护性作用。校方和家长应采取多元化的策略，从而形成一个互动、支持的网络，以应对在校大学生不断增长的抑郁症问题。首先，高校要建立一个全面的早预警系统，发现早期潜在的抑郁症状，通过对学生的行为、成绩和社交活动的持续监测，以及定期的心理健康评估，实时掌握学生的心理健康状态。此外，家长也应该被纳入监测体系，让他们了解抑郁症的早期症状，并且教授他们如何通过日常沟通和观察来发现自己孩子的心理变化。其次，必须开展定期的家长教育项目，通过在线研讨会、家长会和工作坊的形式，教育家长如何识别抑郁症的迹象，如何与子女沟通关于心理健康的问题，以及在发现子女出现心理问题时如何获取专业帮助。这样的教育项目还可以帮助家长建立积极的家庭环境，降低家庭内的心理压力，促进家庭成员间的理解和支持。高校需要与专业心理健康服务机构建立合作关系，使学生和家长可以更容易地获得专业的心理咨询和治疗服务。这些服务可以包括一对一的咨询、家庭治疗以及团体支持会议。家长在此过程中扮演着至关重要的角色，他们不仅能够为子女提供情感支持，还能够在心理健康专家的指导下，学习如何参与子女的康复过程。学校需要建立一个透明的政策和流程，让家长知道在子女出现心理健康问题时，应该如何与学校联系，并得到学校的支持。同时，家校联动也需要寻求学生的同意，尊重他们的隐私和意愿，确保在提供帮助的过程中不侵犯学生的个人权益。

二、学习焦虑

焦虑是指一个人因为实际或想象的挫折而产生的消极和不安的情绪体验，它由各种各样的情感组成。大学生现在面临的压力过大，造成了较大的心理落差，与社会整体发展状况和家庭的影响是分不开的。因此，大学生在制订目标时，常常不太符合现实，导致最终结果与心理预期有较大的差距，这就需要大学生找到自己的定位，正确地评价自己。

考试焦虑是学习焦虑的主要表现之一。学生在面临考试时往往会经历不同程度的焦虑情绪，这种情绪状态不仅影响其心理健康，还可能对学习成绩产生直接或间接的影响。考试焦虑在不同的学生中表现出多种形态，从轻微的紧张不安到严重的精神和身体症状，其主要表现可归纳为心理表现、认知表现和生理表现三个维度。

在心理表现层面，考试焦虑的学生常常感到紧张、烦躁或害怕。这些情绪可能是对即将到来的考试的一种自然反应，但当这些情绪变得强烈到足以干扰日常功能时，就构成了焦虑的心理表现。紧张可能表现为过度担心考试结果，即便是平时成绩优异的学生也可能对能否维持自己的水平感到焦虑；烦躁可能表现为对考试的不断思考，难以从考试的压力中解脱出来；害怕则可能表现为对失败的极度恐惧，这种恐惧有时甚至会蔓延到考试以外的其他领域。

在认知表现方面，考试焦虑可能导致学生在考试前和考试中出现注意力分散、记忆力减退和思维混乱。这些认知障碍可以减弱学生在考试中回忆和应用知识的能力。例如，学生可能发现自己无法集中注意力复习，或者在考试中读不懂题目，即使他们实际上掌握了所需的知识。此外，考试焦虑还可能导致学生出现"心智阻塞"，即在关键时刻无法调用相关信息，这在开放性问题的回答和问题解决中尤为常见。

生理表现则是考试焦虑对身体的直接影响，表现为心跳加速、出汗、头痛、胃痛、食欲不振甚至恶心。这些生理反应是身体对压力的自然反应，是所谓的"战斗或逃跑"反应的一部分。在考试前夜，学生可能会因为焦虑而出现失眠，这进一步加剧了焦虑的情绪和身体上的不适。长期的考试焦虑还可能导致免疫系统功能下降，使学生更容易生病。

总体而言，考试焦虑是一个多维度的问题，它涉及个体的心理、认知和生理层面。每个学生表现出的焦虑症状可能会有所不同，但它们共同构成了一个影响学生学业表现和生活质量的重要心理问题。因此，认识考试焦虑的多种表现形式对于及时识别和提供必要的支持是至关重要的。教育心理学的研究认为，适度的焦虑有利于考生自我能力的发挥，而轻度焦虑和高度焦虑都不利于考生水平的正常发挥，所以需要控制和消除造成情绪困扰的焦虑。

（1）考前减压树立自信，消除紧张情绪

时间管理是减少考试焦虑的关键。制订详细的复习计划，将学习内容分解为可管理的小部分，并为每个部分分配特定时间。这种方法可以减少学习任务的压倒性，并通过完成每个小目标来提供成就感，这反过来可以增强自信心。另外，留出时间用于休息和娱乐活动也是至关重要的，这有助于保持精神状态的平衡，减少过度紧张导致的压力累积。

有效的学习方法可以帮助学生更有效地吸收和回顾知识，从而增强对自己学术能力的信心。例如，积极学习法，如分组讨论、自我测试和教授他人等，已被证明可以提高长期记忆力，并帮助学生在考试中更好地回忆信息。此外，使用心智图或其他视觉辅助工具可以帮助学生更好地组织和理解复杂的信息，降低学习过程中的焦虑感。

身体锻炼也是减轻考试焦虑和提升自信的有效方法。体育活动可以释放内啡肽，这是一种自然的心情提升物质，有助于减轻压力和焦虑。此外，定期的身体锻炼可以改善睡眠质量，提高能量水平和增强集中力，这些都是影响考试表现的关键因素。

此外，心理准备对于战胜考试焦虑同样重要。采用正念冥想等放松技巧可以帮助学生在考前保持冷静，集中注意力。采用冷静呼吸或进行渐进性肌肉放松训练可以帮助缓解身体紧张，进而缓解心理压力。

另一个有助于缓解焦虑的策略是模拟考试环境。通过在类似考试条件下进行模拟测试，学生可以适应考试时可能遇到的压力。这种策略不仅有助于学生熟悉考试流程，还可以帮助他们发现和解决实际考试中可能遇到的问题，减少不确定性和恐惧感。

寻求支持也是至关重要的。学生可以通过与老师、家长以及同伴讨论自己的担忧和压力来获取帮助。支持性的对话可以减轻考试焦虑，并提供额外的策略来应对压力。在一些情况下，如果学生感到无法控制自己的焦虑，寻求专业心理健康服务可能会非常有帮助。

（2）提高挫折阈限，稳定心理素质

挫折阈限是指个体面对挫折时所能承受的心理压力的界限。在教育环境中，教师可以通过设计适度的挑战性任务促进学生挫折阈限的提高。任务的难度需要恰到好处，既不能太容易以至于学生感到无聊，也不能太难以至于导致过度的焦虑和挫败感。通过实现逐步递增的目标，学生可以在成功的体验中积累信心，从而增强面对考试等挑战时的心理承受能力。

稳定心理素质是抵抗考试焦虑的关键。心理素质稳定的学生通常能够更加冷静地面对挑战，包括考试。增强心理素质可以通过多种方式实现，例如定期进行心理辅导、开展压力管理工作坊以及教授正念冥想等技巧。心理辅导为学生提供一个倾听和解决内心问题的平台，使他们能够识别和调整不合理的信念，如"不完美即失败"等。压力管理工作坊教授学生如何识别压力的信号，学习有效应对策略，如时间管理和放松技巧。正念冥想则帮助学生专注于当下，缓解因过度担忧未来而产生的焦虑情绪。

（3）劳逸结合，合理安排学习

劳逸结合的核心在于平衡工作与休息，确保身心健康和生产力的最大化。对于学生而言，它意味着在紧张的学习过程中穿插适当的休息和放松活动，以避免过度疲劳和焦虑。

合理的学习计划对于减轻考试焦虑至关重要。计划应当具体，包括每天的学习内容与目标，并留出时间用于复习和自我评估。计划还应有弹性，以适应突发事件而无须感到压力。

有效的时间管理涉及将学习时间分块的学习方式，采用像番茄工作法这样的技术来提高集中力。例如，学生可以选择25分钟学习，随后休息5分钟，这样的循环有助于保持大脑的清醒和专注。

任务的优先级排序也很关键，它要求学生识别最重要和最紧迫的学习内容，并优先着手解决。这样做可以减少拖延和临时抱佛脚的情况，从而减轻考试前的焦虑感。

积极的心态可以显著降低考试焦虑。学生应当练习将消极思维转变为正面的自我激励语言，避免出现灾难性思维，例如从"我肯定考不好"转变为"我已经做了很好的准备，我可以处理这个挑战"。

参考文献

[1] 熊应，罗璇，谢园梅. 教育心理学 [M]. 长沙：湖南师范大学出版社，2019.

[2] 李东斌，邓稳根. 教育心理学 [M]. 南昌：江西高校出版社，2019.

[3] 刘嵋，刘岳. 大学生心理健康教育 [M]. 成都：电子科技大学出版社，2020.

[4] 杜林致. 应用心理测量学 [M]. 兰州：兰州大学出版社，2018.

[5] 冯静，吴佳，赵瑞雪. 大学生心理健康实践辅导教程 [M]. 成都：电子科技大学出版社，2020.

[6] 刘慧. 大学生心理健康教育项目化教程 [M]. 上海：上海交通大学出版社，2018.

[7] 乐国安，周详，潘慧. 教育心理学 [M]. 天津：南开大学出版社，2014.

[8] 吴杰，张帅. 高等教育管理与心理学研究 [M]. 北京：文化发展出版社，2019.

[9] 周晓虹. 大学教育与管理心理学 [M]. 南京：南京大学出版社，1997.

[10] 朱新秤. 教育管理心理学 [M]. 北京：中国人民大学出版社，2008.

[11] 崔凡. 心理健康教育融入高校学生管理工作的探析 [J]. 山西青年，2023（24）：193-195.

[12] 郭凡凡. 教育心理学理念在学生教育管理中的应用分析 [J]. 山西青年，2023（23）：160-162.

[13] 张涵. 基于心理健康教育的大学生自我管理与自我教育 [J]. 山西青年，2023（23）：196-198.

[14] 周艳平. 教育心理学在高校教学管理中的应用研究 [J]. 品位·经典，2023（20）：119-122.

[15] 朱守丽. 大数据背景下大学生心理健康教育管理的对策 [J]. 科学咨询（教育科研），2023（10）：51-53.

[16] 李垚. 基于心理健康教育的高校辅导员学生管理工作对策研究 [J]. 产业与科技论坛，2023，22（20）：185-186.

[17] 马小迪. 教育心理学在高校学生管理中的应用 [J]. 吉林教育，2023（29）：76-77.

[18] 杨阳. 管理思维视域下大学生心理健康教育的反思与改进 [J]. 商丘职业技术学院学报，2023，22（01）：87-91.

[19] 兰海洁. 大学生心理健康教育管理问题的新解析 [J]. 科教文汇（下旬刊），2020（21）：171-172.

[20] 方璐. 大学生心理健康的教育管理 [J]. 科教文汇（上旬刊），2018（22）：148-149.

[21] 曹赵. 高校学生信息化管理的伦理问题研究 [D]. 桂林：广西师范大学，2023.

[22] 李玉琪. 大学生心理健康教育效果的模糊综合评价 [D]. 蚌埠：安徽财经大学，2023.

[23] 黄心怡. 大学生心理正能量的结构、发展特点和影响因素及与心理健康关系的研究 [D]. 广州：广州大学，2023.

[24] 孙婉婷. 大学生学习适应性、心理求助延宕与心理健康水平的关系研究 [D]. 哈尔滨：黑龙江大学，2023.

[25] 王艺文. 普通高校学生自治性管理规则的合法化研究 [D]. 青岛：青岛大学，2020.

[26] 张莉莉. 马克思人本思想在高校学生管理中的运用探究 [D]. 重庆：重庆交通大学，2019.

[27] 薛畅. 依法治校视野下高校学生管理研究 [D]. 淄博：山东理工大学，2018.

[28] 吴平珍. "以学生为中心"教育理念及其对高校学生管理的启示研究 [D]. 石

家庄：河北科技大学，2016．

[29] 张云．教育心理学在高校思政课教学中的运用研究 [D]．天津：河北工业大学，2015．

[30] 李术红．思想政治教育心理学学科建构研究 [D]．哈尔滨：哈尔滨工程大学，2014．